Nähen für zu Hause

Nº10
LEND

Cheryl Owen

Nähen für zu Hause

Techniken und Ideen für bezaubernde Wohnaccessoires

Weltbild

Titel der Originalausgabe
Home Sewing Techniques
Zuerst veröffentlicht 2011 von New Holland Publishers (UK) Ltd

Deutsche Erstausgabe

Diese Ausgabe wurde vermittelt durch Claudia Böhme
Rights & Literary Agency, Hannover (www.agency-boehme.de)

Übersetzung und Redaktion der deutschen Ausgabe:
Helene Weinold, Violau
Satz der deutschen Ausgabe: undercover, Aletshausen-Winzer
Umschlaggestaltung: Atelier Lehmacher, Friedberg (Bay.)
Fotos: Mark Winwood

Gesamtherstellung: Toppan Leefung Printing Ltd.
Printed in China
978-3-8289-2686-8

2017 2016 2015 2014 2013 2012
Die letzte Jahreszahl gibt die aktuelle Lizenzausgabe an.

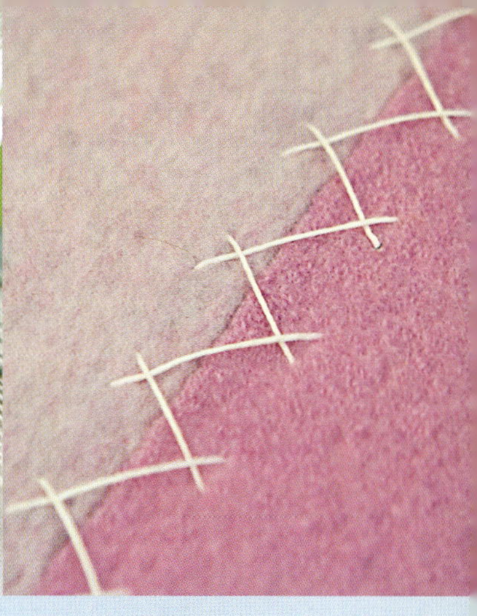

INHALT

Vorwort

Textile Dekorationen und Accessoires können Ihr Heim komplett verändern und ihm eine moderne und wohnliche Atmosphäre verleihen, sodass es eine Freude ist, darin zu leben. Dabei müssen Sie für die meisten Nähprojekte fürs Haus weder viel Geld ausgeben noch besonders viel Erfahrung im Nähen mitbringen. Einige schlichte Modelle wie eine Kissenhülle oder eine Tagesdecke sind schnell und einfach anzufertigen und ermutigen Sie zu größeren Taten. Wenn Sie größere Teile wie Vorhänge selbst nähen, können Sie viel Geld sparen und bekommen sie zudem genau in der gewünschten Größe und aus exakt dem Stoff Ihrer Träume.

Dieses Buch führt Sie sicher durch alle Techniken, die Sie brauchen, um für Ihr Zuhause zu nähen. Zu jeder Technik gibt es ein oder mehrere Projekte, bei denen nicht nur die jeweilige Methode, sondern auch andere wichtige Techniken erklärt

werden. Auf diese Weise beherrschen Sie bald die gesamte Bandbreite an Nähtechniken, sodass Ihnen fantastische Modelle aus Stoff problemlos gelingen.

Viele Projekte eignen sich darüber hinaus als hübsche und sehr persönliche Geschenke für Menschen, die Ihnen besonders am Herzen liegen. Für die meisten Modelle brauchen Sie nur wenig Stoff; Sie können also in Ihren bereits vorhandenen Vorräten nach dem richtigen Stöffchen stöbern, das Sie einst in der Hoffnung auf eine zündende Deko-Idee gekauft haben. Es gibt aber auch eine schier unglaubliche Auswahl an schönen Textilien in Stoffgeschäften und Onlineshops zu kaufen. Vielleicht sind Sie ja schon vom Näh-Virus infiziert? Dann lassen Sie sich von diesen Projekten zu eigenen textilen Ideen für Haus und Garten inspirieren.

Es geht los

Überprüfen Sie, ob Sie alles Notwendige haben, bevor Sie sich in Ihr Näh-Abenteuer stürzen. Nichts ist frustrierender als die Feststellung, dass ein entscheidendes Werkzeug fehlt oder der Stoff nicht für das ganze Projekt reicht, vor allem wenn Sie eine Farbe oder ein Muster gewählt haben, das nicht mehr lieferbar ist.

Was die Grundtechniken betrifft, geht es beim Anfertigen von textilen Accessoires für zu Hause um mehr als um das reine Nähen. Das Zuschneiden des Stoffs ist ein wesentlicher Arbeitsschritt und vermittelt oft schon einen ungefähren Eindruck davon, wie das fertige Teil aussehen wird.

Das richtige Werkzeug

Selbst wenn Sie Näh-Neuling sind, haben Sie vermutlich eine gewisse Grundausstattung im Haus. Tragen Sie all diese Teile an einem Ort zusammen, und verwenden Sie dieses Werkzeug nur für Stoffe und Borten, damit es nicht schmutzig und stumpf wird. Arbeiten Sie bei gutem Licht auf einer sauberen, ebenen Arbeitsfläche. Tageslicht-Lampen schonen die Augen und verfälschen die Farben von Stoffen und Garnen nicht. Bewahren Sie scharfe und spitze Gegenstände so auf, dass kleine Kinder oder Haustiere sich nicht daran verletzen können.

Schnittmusterpapier

Spezialpapier für Schnittmuster gibt es in Kurzwarenläden, aber auch manche Kaufhäuser verkaufen Nähmaterial und -werkzeug. Transparentpapier oder Butterbrotpapier eignet sich ebenfalls – besonders in Fällen, in denen Sie durch den Schnitt hindurchsehen müssen, etwa um ein Motiv exakt zu platzieren.

Werkzeug zum Zeichnen der Schnittmuster

Zeichnen Sie Schnittmuster mit einem feinen Faserschreiber oder einem Druckbleistift. Ziehen Sie gerade Linien mithilfe eines Lineals und kleine Kreise mit einem Zirkel. Verwenden Sie ein Geodreieck für exakte Winkel.

Stifte für Schnittmuster

Messhilfen

Benützen Sie ein textiles Maßband zum Messen um Rundungen herum und zum Kontrollieren von Stoffmaßen. Ein transparentes 30-cm-Lineal hat eine praktische Größe zum Anfertigen von Schnittmustern und zum Überprüfen von Maßen. Große Längen oder Stoffmengen messen Sie mit einem Meterstab ab. Ein Stahl-Rollbandmaß kann man zum Ausmessen von Fenstern und Betten oder ebenfalls zum Abmessen großer Stofflängen – etwa für Vorhänge – verwenden. Ein 15 cm langes Näh-Handmaß hat einen Schieber, der auf verschiedene Maße zum Markieren von Säumen und Nahtzugaben eingestellt und als Hilfsmittel beim Quilten eingesetzt werden kann.

Lineal und Maßband

Scheren

Schneiden Sie Schnittmuster mit einer Papierschere aus. Mit einer Schneiderschere mit abgewinkelten Griffen lassen sich Stoffe am genauesten und bequemsten zuschneiden: So liegt die untere Klinge auf dem Tisch auf, und der Stoff bleibt glatt. Scheren gibt es in unterschiedlichen Größen; probieren Sie vor dem Kauf aus, welche Ihnen am besten in der Hand liegt. Eine kleine, scharfe und spitze Handarbeitsschere ist zum Einschneiden von Stoffen und zum Abschneiden von Fäden unverzichtbar.

Hilfsmittel zum Markieren des Stoffs

Linien, die mit einem selbstlöschenden Textilmarker („Trickmarker") gezogen wurden, verschwinden nach und nach von selbst; solche, die mit einem wasserlöslichen Stift gezeichnet wurden, lassen sich mit Wasser entfernen. Die klassische Schneiderkreide ist in verschiedenen Farben als Keil oder Stift erhältlich und lässt sich bis auf eine leichte Spur ausbürsten. Probieren Sie Ihre Textilstifte immer zuerst auf Stoffresten aus! Sie können auch einen spitzen Bleistift auf Stoff verwenden, allerdings bleiben die Markierungen sichtbar.

Textilmarker und Schneiderkreide

Scheren

TIPP: Ein gutes Bügeleisen und ein Bügelbrett gehören zu jeder Näh-Ausstattung. Verwenden Sie ein robustes Bügelbrett. Weil Sie es oft mit großen und schweren Stoffteilen zu tun haben, muss das Brett einiges aushalten. Kaufen Sie das beste Bügeleisen, das Sie sich leisten können, am besten ein Dampfbügeleisen mit variabler und zuverlässiger Hitzeeinstellung.

NADELN

Nähmaschinennadeln

Diese Nadeln gibt es in mehreren Stärken und mit unterschiedlich geformten Spitzen. Je niedriger die Nummer, desto feiner ist die Spitze. Universalnadeln der Stärken 70 bis 90 sind am gebräuchlichsten. Nicht-gewebte Stoffe näht man mit einer Nadel mit abgerundeter Spitze. Tauschen Sie Nähmaschinennadeln regelmäßig aus, denn sie werden mit der Zeit stumpf und strapazieren Ihre Nähmaschine unnötig.

Nähnadeln

Bei Nadeln zum Handnähen gilt: Je höher die Nummer, desto kürzer und feiner ist die Nadel. Lange, spitze Nähnadeln sind vielseitig einsetzbar: zum Heften, Säumen und Annähen von Knöpfen. Spitze, feine Sticknadeln, sogenannte Krüwellnadeln, haben ein großes Öhr, in das sich das Stickgarn leicht einfädeln lässt. Matratzennadeln sind sehr lang und damit ideal zum Nähen durch Kissen hindurch.

Stecknadeln

Schneider-Stecknadeln gibt es in verschiedenen Stärken, doch gewöhnliche Haushaltsstecknadeln sind am vielseitigsten verwendbar. Spitzennadeln sind besonders dünn und hinterlassen keine Spuren in zarten Stoffen. Bei größeren Stoffmengen wie einem Vorhang erkennt man Stecknadeln mit farbigen Glasköpfchen besonders leicht.

Durchziehnadel

Eine Durchziehnadel sieht aus wie eine Nadel mit riesigem Öhr und stumpfer Spitze. Man kann sie am Ende eines Stoffschlauchs befestigen, um den Schlauch auf rechts zu wenden (siehe Seite 77), oder mit ihrer Hilfe eine Kordel durch einen Stofftunnel ziehen (siehe Seite 85). Anstelle einer Durchziehnadel können Sie auch eine Sicherheitsnadel verwenden.

Schlauchwender

Ein Schlauchwender hat an einem Ende einen Schnappverschluss, den man ins Ende eines Stoffschlauchs einhängt, um ihn auf rechts zu wenden (siehe Seite 77). Der Schlauchwender lässt sich notfalls durch eine Sicherheitsnadel ersetzen.

Schrägstreifenformer

Ziehen Sie einen im geraden oder schrägen Fadenlauf geschnittenen Streifen durch dieses pfiffige Metallgerät, um die Stoffkanten einzuschlagen. Dann bügeln Sie den Streifen, um einen Einfassstreifen daraus zu machen (siehe Seite 57). Schrägstreifenformer gibt es in verschiedenen Breiten.

Tacker

Für einfache Polsterarbeiten können Sie einen Tacker einsetzen, mit dem sich Stoff besonders schnell und effizient auf Holz befestigen lässt (siehe Seite 109 und Seite 114/115). Achtung! Der Tacker ist kein Kinderspielzeug!

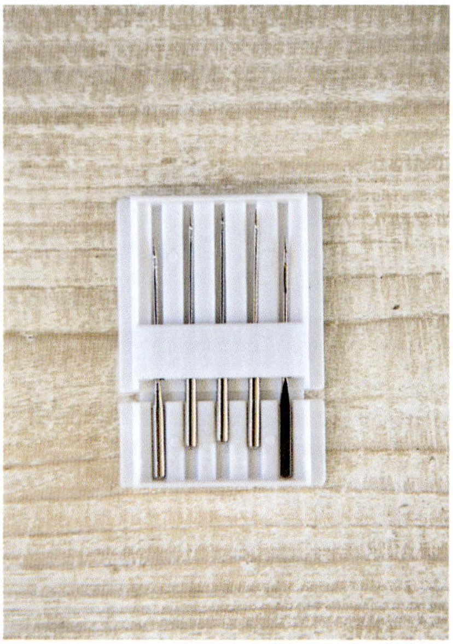

Nähmaschinennadeln

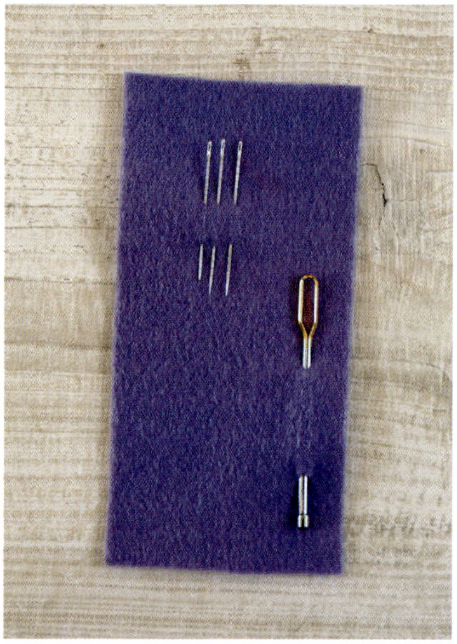

Handnähnadeln und Durchziehnadel

Schlauchwender

NÄHMASCHINE

Die Nähmaschine ist Ihre beste Verbündete in Sachen Nähen für zu Hause. Sie werden immer wieder mit der Hand nähen müssen, aber das Nähen mit der Maschine spart Zeit und verleiht Ihren Arbeiten eine professionelle Optik. Bei der Wahl einer Nähmaschine müssen viele Faktoren bedacht werden, denn schließlich ist dies die größte und wichtigste Anschaffung für Ihr Nähzimmer.

Kaufen Sie die Maschine bei einem Händler Ihres Vertrauens und probieren Sie dort mehrere Maschinen aus, um sie miteinander zu vergleichen und Ihren Favoriten herauszufinden. Fragen Sie auch im Freundeskreis und in der Familie nach Empfehlungen. Achten Sie darauf, dass der Faden sich einfach in die Maschine einfädeln lässt und die Nähgeschwindigkeit leicht zu steuern ist.

Eine Nähmaschine mit Geradstich, Zickzackstich und Knopflochautomatik deckt die hauptsächlichen Anforderungen ab, aber vielleicht liebäugeln Sie ja mit der Maschinenstickerei, dann haben Sie die Wahl zwischen vielen interessanten Modellen mit Auswahlschalter oder Computersteuerung.

Funktion

Wenngleich es ein breites Spektrum an Nähmaschinen auf dem Markt gibt, sind alle recht ähnlich zu bedienen. Lesen Sie das Handbuch zu Ihrer Nähmaschine, um sich mit den Funktionen und der Handhabung Ihres Modells vertraut zu machen. Grundsätzlich fixiert das Nähfüßchen den Stoff, während die Nadel mit dem eingefädelten Oberfaden den Stoff durchsticht und im unteren Bereich den Unterfaden der Spule aufnimmt, um einen Stich zu bilden.

Die unten abgebildete Maschine hat einen Klappdeckel, der den Garnhalter für den Oberfaden, den Spuler zum Aufwickeln des Unterfadens, den Hebel für das Nähfüßchen und den Spannungsregler verdeckt. Der Deckel ist ein ausgesprochen durchdachtes Element, denn er verhindert, dass die Teile einstauben, wenn die Maschine nicht gebraucht wird. Der Spannungsregler stimmt die Spannung zwischen Ober- und Unterfaden aufeinander ab, damit flache, gleichmäßige Stiche entstehen. Wenn die Spannung zu stark eingestellt ist, ziehen die Stiche den Stoff zusammen, ist sie zu locker, werden auch die Stiche locker und halten in der Folge die Stofflagen nicht gut zusammen.

Einstellung der Stichlänge

Die Zahlen auf dem Schalter für die Stichlänge (oder dem Display) geben normalerweise die Stichlänge in Millimetern an.

Einstellung der Stichweite

Diese Einstellung brauchen Sie für den Zickzackstich. Die Einstellung „0" ergibt einen Geradstich.

Nähmaschine

Maschinenstickgarn

Rückstichtaste

Drücken Sie die Rückstichtaste, um rückwärts zu nähen. Einige Rückstiche am Beginn und am Ende der Naht verhindern, dass die Naht sich auflöst, oder verstärken eine kurze Naht.

Nähfüßchen

Zu den meisten Nähmaschinen werden außer dem Standard-Nähfüßchen einige Spezialfüßchen geliefert (siehe Aufstellung der für den Hausgebrauch häufigsten Modelle). Ein Hebel bewegt das Nähfüßchen nach oben oder unten. Die Füßchen können durch einen Clip-Mechanismus oder durch Schrauben angebracht oder abgenommen werden.

- **Standardfuß** Für Gerad- und Zickzackstich. (Dieses Füßchen werden Sie hauptsächlich verwenden.)
- **Reißverschlussfuß** Zum Nähen neben einer erhabenen Fläche, beispielsweise zum Annähen eines Reißverschlusses. Kann rechts oder links von der Nadel angebracht werden.
- **Paspelfuß** Zum Annähen von Paspeln oder anderen Verzierungen wie einer Pomponborte (kann durch den Reißverschlussfuß ersetzt werden).
- **Knopflochfuß** Zum Nähen von Knopflöchern.
- **Kantelfuß** Zum Versäubern von Stoffkanten.
- **Blindsaumfuß** Für unsichtbare Säume: sorgt dafür, dass die Nadel immer nur einen oder zwei Fäden erfasst.

Stichplatte

Diese Metallplatte bedeckt den Bereich unter dem Nähfüßchen. Die Nadel sticht in einen Schlitz in der Mitte der Platte ein, um den darunter verborgenen Unterfaden zu erfassen. Manche Stichplatten weisen eine Reihe von Linien auf, die man zur Orientierung für die Breite der Nahtzugaben verwenden kann.

Antrieb

Schalten Sie die Maschine beim Einrichten und Einfädeln aus Sicherheitsgründen aus. Achten Sie darauf, dass die Voltangaben auf Maschine und Fußpedal identisch sind. Stecken Sie das Kabel erst an der Maschine, dann am Fußpedal an und schalten Sie die Maschine ein. Wenn Sie die Maschine nicht brauchen, sollten Sie sie immer ausschalten und den Stecker aus der Steckdose ziehen.

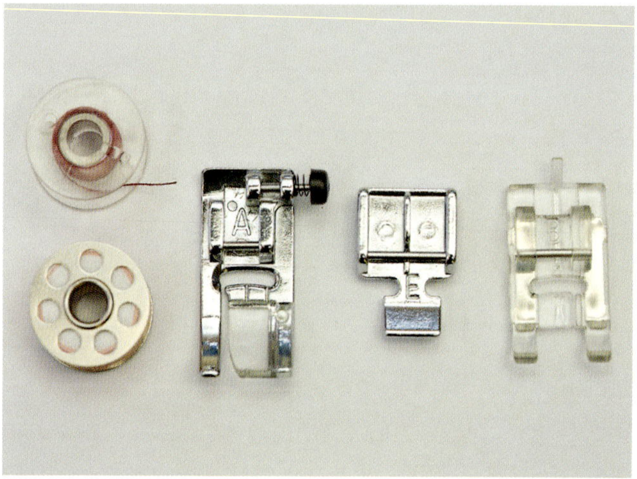

Unterfadenspulen und Nähfüßchen

Nählicht

Arbeiten Sie immer bei gutem Licht. Das Nählicht der Maschine leuchtet den Nähbereich gut aus und ist besonders beim Nähen dunkler Farben von Vorteil.

Fußpedal

Achten Sie darauf, dass Ihr Fußpedal auf ebenem Boden steht. Je stärker man das Pedal niederdrückt, desto schneller läuft die Maschine. Die Nähgeschwindigkeit lässt sich bei den meisten Maschinen variieren.

Spulen

Der Unterfaden wird auf eine kleine Metall- oder Kunststoffspule aufgewickelt, die unter der Stichplatte eingesetzt wird. Wenn der Unterfaden ausläuft, kann die Spule mithilfe des Spulers auf der Oberseite der Maschine neu befüllt werden.

Handrad

Wenn die Maschine eingefädelt und die richtige Stichlänge eingestellt ist, hebt man das Nähfüßchen an und dreht das Handrad, um die Nadel nach oben zu bewegen. Den Stoff unter die Nadel legen, dann das Handrad drehen, um die Nadel abzusenken, bis sie den Stoff berührt. Nun das Nähfüßchen wieder absenken, und Sie können losnähen.

Material

Das Aussuchen von Stoffen für Wohnaccessoires wie Kissenhüllen macht Spaß und verleiht Ihnen das Selbstvertrauen, um sich auch an schwerwiegendere Entscheidungen zu wagen – etwa für einen Vorhangstoff, der das Aussehen Ihrer Wohnung stark beeinflusst.

STOFFE

Wenn Sie ein großes Projekt wie Vorhänge angehen, sollten Sie Stoffmuster vor Ort ansehen. Schauen Sie sich den Stoff sowohl bei Tageslicht als auch bei Kunstlicht an und halten Sie ihn an die vorgesehene Stelle. Vorsicht beim Mustermix! Die Muster passen womöglich gut zusammen, wirken aber im Alltag eher verstörend. Topmodische Stoffe sind verlockend, haben aber eine kurze Mindesthaltbarkeit. Reservieren Sie solche Stoffe also für kleinere Projekte wie Kissen.

Dekostoffe

Diese Stoffe liegen normalerweise 137 cm breit. Überprüfen Sie den empfohlenen Einsatzzweck: Manche Dekostoffe eignen sich für Vorhänge und Tagesdecken, aber nicht für den Dauergebrauch, etwa bei Stuhlhussen. Dekostoffe gibt es in vielen Ausführungen wie etwa Chintz – ein dicht gewebter Baumwollstoff – und Damast mit eingewebten Mustern. Manche Polsterstoffe sind zusätzlich mit einem Fleckschutz ausgerüstet.

Baumwolle

Die meisten Projekte in diesem Buch sind aus Baumwollstoff angefertigt, einem Naturfaserstoff, der leicht zu verarbeiten ist. Baumwollstoffe sind normalerweise preiswert und werden in verschiedenen Stärken angeboten. Einfarbige und bedruckte Baumwollstoffe, wie man sie für Patchworkarbeiten verwendet, sind genau das Richtige für den Einstieg. Renforcé ist in sehr großen Breiten für Bettwäsche erhältlich.

Leinen

Dieses Naturfasergewebe ist sehr fest und fällt schön, knittert aber leicht. Leinen-Polyester-Mischungen sind leichter zu verarbeiten, qualitativ aber weniger hochwertig.

Chenille

Dieser flauschige Stoff wird aus Fransengarnen gewebt, sodass ein weicher Flor entsteht. Chenillestoffe eignen sich nicht für den Alltagsgebrauch, weil sich der Flor abnutzt.

TIPP: Fertige einfarbige Chenilledecken sind nicht teuer und können mit Stickereien aufgepeppt oder fur Kissenhüllen zerschnitten werden.

Dekostoffe

Baumwollstoffe

Leinenstoffe

Vorhangfutter

Zwischenfutter für Vorhänge

Vorhangfutter

Der glatte Stoff ist in großen Breiten zum Abfüttern von Vorhängen erhältlich (siehe Seite 118–121). Wählen Sie lieber ein naturfarbenes und kein farbiges Futter, denn die Farbe würde im Sonnenlicht ausbleichen.

Zwischenfutter

Ein Zwischenfutter schützt zusätzlich vor Kälte und Zugluft und verleiht dem Vorhang einen schönen Fall (siehe Seite 119). Polyester- oder Baumwollzwischenfutter ist in einigen unterschiedlichen Stärken erhältlich. Es wird zwischen Vorhangstoff und Futter als zusätzlich isolierende Lage eingenäht.

Oben: *Vorhänge fallen besser, wenn man sie abfüttert.*

Einlage

Soll ein Stoff mehr Festigkeit und Halt bekommen, versteift man ihn mit einer Einlage, die es in verschiedenen Stärken und Ausführungen zum Aufbügeln oder Einnähen gibt. Die glänzende Seite der Bügeleinlage wird auf die linke Stoffseite gebügelt. Beim Aufbügeln hält man das Bügeleisen einige Sekunden auf einer Stelle, hebt es dann an, versetzt es ein Stück und so fort. Das Bügeleisen nicht schieben, denn sonst könnte die Einlage Falten werfen. Eine Einlage zum Aufnähen heftet man entlang der Außenkanten auf die linke Stoffseite.

- **Mittelstarke Einlage** ist weich und leicht; wird verwendet, wenn ein Projekt etwas mehr Stand bekommen soll.
- **Starke Einlage** ist steifer und verleiht dem Stoff eine markante Struktur, wenn sie mit ihm verbunden ist und Falten eingebügelt werden.
- **Feste flexible Einlage** ist, wie der Name schon sagt, fest, erlaubt dem Stoff aber noch Bewegung.

TIPP: Keine Sorge beim Bügeln eines mit Volumenvlies wattierten Modells: Es erlangt seine Bauschigkeit wieder zurück.

Volumenvlies

Stickvlies

- **Aufbügelbares Volumenvlies (mittelstark)** verleiht dem Stoff eine weiche Struktur. Den Stoff auf das Vlies bügeln, weil die Hitze die Vlies-Oberfläche nicht ausreichend durchdringt, um das Vlies mit dem Stoff zu verbinden.

Volumenvlies (Wattierung)

Volumenvlies wird normalerweise in Quilts verwendet, in denen es die Lage zwischen Top und Rückseite bildet. Es wird in verschiedenen Stärken angeboten. Meist besteht es aus synthetischen Fasern wie Polyester, aber es gibt auch Volumenvliese aus Naturfasern wie Baumwolle, Wolle oder Bambusfasern. Denken Sie daran, dass Baumwollvlies und Vliese aus anderen Naturfasern einlaufen können, was bei Kunstfaservliesen nicht droht. Wenn Sie ein Modell öfters waschen wollen, kann sich Polyestervlies daher als praktischer erweisen.

Oben: *Für größere Breiten verbindet man Zwischenfutterbahnen.*

Stickvlies

Mit diesem nicht-gewebten synthetischen Material zu arbeiten macht Freude. Platzieren Sie es unter dem Stoff, den Sie mit der Maschine besticken wollen. Nach dem Sticken reißen Sie das Vlies rund um die Stickerei ab. Dieses Material empfiehlt sich besonders beim Nähen von zarten oder dehnbaren Stoffen. Es stabilisiert den Stoff und verhindert, dass das Nähfüßchen den empfindlichen Stoff verzieht und die Naht unordentlich wird. Stickvliese gibt es in verschiedenen Stärken sowie als aufbügelbare oder selbstklebende Variante.

TIPP: Nach dem Nähen kann das Volumenvlies vorsichtig in der Nahtzugabe zurückgeschnitten werden, damit es nicht so stark aufträgt. Das Gleiche gilt für Einlagen.

MATERIALIEN FÜR VORHÄNGE

Gardinenbänder

Die meisten Vorhänge werden an der Oberkante mit einem Gardinenband versehen, das als Meterware erhältlich ist. Der Länge nach durchziehen Schnüre das Band, das auf die linke Seite der Vorhang-Oberkante genäht wird. Durch Ziehen an den Schnüren im Gardinenband lässt sich der Vorhang auf die gewünschte Breite bringen und bekommt ein charakteristisches Faltenmuster (siehe Seite 126/127).

- **Universalgardinenband oder Kräuselband** ergibt einen einfachen, eingereihten Abschluss und eignet sich gut für unkomplizierte Vorhänge. Das Band hat Schlitze, in die man die Gardinengleiter einhängen kann.
- **Bleistiftfaltenband** ergibt eine saubere Reihe aufrechter Falten. Wie das Standard-Gardinenband hat es Schlitze für die Gleiter.
- **Lochband** wird zusammen mit großen Ösen verwendet: Das Band hat Löcher, die als Vorlage zum Ausschneiden der Löcher für die Ösen dienen.

Gardinengleiter

Gardinengleiter bestehen aus Kunststoff oder Metall. Man hängt Kunststoffhäkchen in die Schlitze im Gardinenband und dann in die Gleiter ein, die dann auf die Schiene geschoben oder an denen Gardinenringe angebracht werden. Verwenden Sie für schwere und handgenähte Vorhänge Metallhaken. Manche Haken werden mit Gleitern kombiniert. Die Gleiter werden oft zusammen mit der Schiene geliefert. Die Elemente an den äußeren Enden der Schiene werden als Stopper bezeichnet: Sie verhindern, dass der Vorhang vom Schienenende rutscht.

Gardinenringe

Häkchen, die am Gardinenband befestigt sind, verbindet man oft mit Ringen aus Metall, Holz oder Kunststoff, um den Vorhang an eine Gardinenstange zu hängen. An manchen Gardinenringen ist ein Clip angebracht, mit dem sich der Ring an die Oberkante des Vorhangs klipsen lässt (siehe Kaffeehausgardine, Seite 94/95). Ösen bestehen aus zwei Teilen: je einem für die Vorder- und die Rückseite des Vorhangs. Das beste Ergebnis erzielen Sie, wenn Sie diese Ösen zusammen mit dem passenden Gardinenband verwenden. Die Ösen können zum Waschen der Vorhänge abgenommen und

Verschiedene Gardinenbänder

Gardinenhäkchen und -gleiter

Rechts: *Vorhanggewichte*

später wieder angebracht werden. Rechnen Sie neun Ringe auf einen Meter Vorhangbreite. Die Zahl der Ringe muss gerade sein; runden Sie deshalb die errechnete Zahl auf die nächste gerade Zahl auf. Beim Anbringen der Vorhänge platzieren Sie an beiden Enden der Gardinenstange den jeweils äußersten Ring außerhalb der Stangenhalterung.

Vorhanggewichte

Die meisten Vorhänge fallen besser, wenn man Gewichte in den Saum einarbeitet, die es als Scheiben oder Bleiketten im Fachhandel zu kaufen gibt.

GARNE

Nähgarne

Wählen Sie ein festes, haltbares und leicht elastisches Nähgarn in einer zum Stoff passenden Farbe. Für Webstoffe aus Naturfasern verwenden Sie ein Universalgarn aus merzerisierter Baumwolle, für gewebte Synthetikstoffe und für gewirkte Stoffe ein Universalgarn aus Polyester. Ein besonders festes Polyestergarn zum Absteppen, für Knopflöcher und zum Annähen von Knöpfen ist in einer begrenzten Farbauswahl erhältlich. Verarbeiten Sie diesen dickeren Faden mit einer Nadel der Stärke 100 in der Nähmaschine.

Stickgarne

Maschinenstickgarne haben einen reizvollen Glanz und sind in einer breiten Farbauswahl einschließlich Multicolor- und Metallicvarianten erhältlich. Verwenden Sie diese Garne für dekorative Zickzacknähte. Baumwollsticktwist verwendet man zum Sticken und für Quasten (siehe Seite 134–135). Heutzutage gibt es unzählig viele hinreißende Stickgarne, die von Hand verstickt oder mit Zickzackstichen mit der Maschine oder von Hand überstickt werden können.

Schrägstreifen

Die rechts abgebildeten, im schrägen Fadenlauf geschnittenen Stoffstreifen haben umgebügelte Kanten und dienen zum Einfassen offener Stoffkanten. Baumwoll- und Satinschrägstreifen gibt es als Meterware oder fertig abgepackt zu kaufen. Sie werden in unterschiedlichen Breiten und Farben, ja sogar gemustert angeboten. Mithilfe eines Schrägstreifenformers können Sie selbst Schrägstreifen anfertigen (siehe Seite 57).

Nähgarne

Stickgarne

Rechts: *Einfassungsbänder aus Schrägstreifen*

PASPELSCHNUR

Umhüllen Sie für eine Paspel preiswerte weiße Paspelschnur mit im schrägen Fadenlauf geschnittenen Stoffstreifen (siehe Seite 60/61) oder verwenden Sie die Schnur als Zugband (siehe Seite 84/85). Sie wird in verschiedenen Stärken angeboten.

BÄNDER UND BORTEN

Viel Vergnügen beim Dekorieren Ihrer selbst genähten Deko-Projekte mit der wundervollen Auswahl an Bändern und Borten, die überall erhältlich sind! Bänder (siehe bänderverziertes Überlaken, Seite 100/101), Zackenlitze (siehe Handtuch mit Borten, Seite 48/49) und Pomponborte (siehe rundes Tischtuch, Seite 32/33) sind nur einige von vielen Ideen. Verzieren Sie Ihre Werke mit fertig gekauften Stickmotiven, die aufgenäht oder aufgebügelt werden können (siehe Kissenbezug mit Stehsaum, Seite 30/31).

Paspelschnur

Unten: *Bänder und Borten*

VERSCHLÜSSE

Knöpfe

Knöpfe werden in allen möglichen Formen, Farben, Größen und Materialien angeboten. Verwenden Sie Knöpfe zum Schließen von Kissen- und Bettbezügen. Die meisten Knöpfe haben eine flache Rückseite und zwei oder vier Löcher zum Annähen, während Knöpfe mit Schaft eine Öse an der Unterseite haben, durch die sie angenäht werden. Knöpfe zum Überziehen mit einem Stoff Ihrer Wahl sind in verschiedenen Größen zu haben; sie bestehen aus zwei Teilen, die zusammengesetzt werden (siehe Seite 81).

Reißverschlüsse

Mit einem Reißverschluss kann man zwei Stoffkanten vorübergehend verbinden, beispielsweise bei einer Kissenhülle (siehe Seite 72/73). Nähen Sie ihn mit dem Reißverschlussfuß Ihrer Nähmaschine an.

Klettverschluss

Klettverschlussband besteht aus zwei Teilen: einem mit einer weichen Schlingenoberfläche und einem mit einer Oberfläche voller winziger Häkchen. Die Teile verhaken sich ineinander, wenn man sie zusammenpresst. Klettbänder gibt es in einigen Farben zum Annähen oder mit selbstklebender Rückseite.

Baumwollband

Baumwollbänder sind für wenig Geld in verschiedenen Breiten und einer kleinen Auswahl an Farben erhältlich. Sie eignen sich als einfache Bindebänder für Wohndeko-Projekte.

Knöpfe

Baumwollbänder und Reißverschlüsse

Rechts: *Klettverschlussbänder*

VORBEREITUNG UND ZUSCHNITT

Auch wenn Sie noch so wild darauf sind, loszulegen und Ihren Stoff zuzuschneiden, lassen Sie sich Zeit – das Zuschneiden ist ein wichtiger Teil des Gestaltens von textilen Wohndeko-Projekten und -Accessoires, deshalb sollten Sie nichts überstürzen. Ein falscher Schnitt kann teuer und womöglich irreparabel werden. Vergewissern Sie sich deshalb, dass Sie Ihre Schnittmuster sorgfältig, exakt und ökonomisch platziert haben. Denken Sie an die Regel „Zweimal messen, einmal schneiden"! Die seitlichen Webkanten sind oft dicht gewebt und können den Stoff verziehen: Schneiden Sie diese Kanten vor dem eigentlichen Zuschnitt ab.

Arbeit mit Schnittmustern

Auf den Seiten 138–141 finden Sie Schnitte und Vorlagen; allerdings entstehen viele der Projekte in diesem Buch einfach aus Quadraten und Rechtecken, die man mit einem Geodreieck und einem Lineal direkt auf den Stoff zeichnen kann. Arbeiten Sie auf dem Stoff mit selbstlöschendem oder wasserlöslichem Textilmarker oder Schneiderkreide. Ein Pfeil auf den Schnittmustern zeigt den Fadenlauf an. Achten Sie beim Auflegen des Schnittmusters auf den Stoff darauf, dass der angegebene Fadenlauf parallel zur Webkante des Stoffs verläuft. Beim Zuschneiden breiten Sie den Stoff flach auf einem Tisch oder auf dem Boden aus und streichen ihn glatt.

▶ *Um spiegelbildliche Paare von Schnittteilen zuzuschneiden, falten Sie den Stoff der Länge nach, sodass er doppelt liegt. Das Schnittmuster auflegen oder auf die obere Lage zeichnen. Auf Schnittmuster, die im Stoffbruch zugeschnitten werden sollen, ist ein Pfeil aufgedruckt, dessen Spitzen zur Faltkante weisen. Diese Kante an den Stoffbruch anlegen. In anderen Fällen den Stoff einlagig zuschneiden. Alle Punkte oder Kreuze mit einer Stecknadel oder einem selbstlöschenden oder wasserlöslichen Textilmarker übertragen, dann die Teile ausschneiden. Alle Stoffreste zum Ausprobieren von Stichen und der Bügeleiseneinstellung beiseitelegen.*

Motive platzieren

Wenn der Stoff ein auffallendes Motiv hat, wollen Sie es sicher bestmöglich zur Geltung bringen – beispielsweise mitten auf einem Kissen. Bedenken Sie, dass Sie mehr Stoff kaufen müssen, wenn Sie Motive platzieren wollen. Richten Sie Muster, Streifen und Karos so zur Mitte hin aus, dass sie beim fertigen Objekt symmetrisch verlaufen.

▶ *Stellen Sie ein Schnittmuster aus Transparent- oder Butterbrotpapier her, sodass Sie hindurchsehen können. Markieren Sie darauf Nählinien und Fadenlauf. Das Schnittmuster einmal längs und einmal quer falten, um die Mitte zu finden, dann wieder entfalten und glatt streichen. Das Schnittmuster so über das Motiv auf dem Stoff legen, dass der Fadenlauf stimmt und das Motiv in der Mitte sitzt. Das Papier feststecken und den Stoff zuschneiden.*

Gemusterte Stoffe anpassen

Manchmal muss man ganze Stoffbahnen für Vorhänge, Rüschen oder andere Objekte zusammennähen. Wenn der Stoff gemustert ist, muss der Rapport angepasst werden. Aus diesem Grund müssen Sie in solchen Fällen mehr Stoff kaufen.

1 ▶ *Mit selbstlöschendem Textilmarker von Webkante zu Webkante eine Linie ziehen und den Stoff entlang dieser Linie abschneiden. Von der Schnittkante aus die gewünschte Länge einschließlich notwendiger Zugaben, zum Beispiel für Säume, abmessen. Den übrigen Stoff abschneiden. Den verbleibenden Stoff Längsseite an Längsseite an das erste Stück anlegen, sodass der Musterversatz in der Höhe übereinstimmt, und die zweite Bahn passend zur ersten Bahn zuschneiden.*

2 ◀ *Die Nahtzugabe entlang einer vertikalen Kante einschlagen. Diese Faltkante über die Kante der anderen Stoffbahn legen, sodass das Muster fortgesetzt wird. Die Faltkante auf den darunterliegenden Stoff stecken.*

3 ▶ *Die obere Stofflage umfalten und die Stecknadeln auf die linke Seite des Stoffs versetzen. Achten Sie darauf, dass das Muster immer noch übereinstimmt! Dann beide Bahnen entlang der Faltkante rechts auf rechts zusammennähen. Bei ungefütterten Projekten eine Kappnaht, bei gefütterten Vorhängen eine einfache Naht arbeiten (siehe Seite 28/29).*

Runde Schnittmuster anlegen

Kleine Kreise zeichnen Sie mithilfe eines spitzen Bleistifts oder eines Zirkels auf Papier. Für ein großes, kreisförmiges Schnittmuster, beispielsweise für eine runde Tischdecke oder ein Kissen, improvisieren Sie einen Zirkel aus einer Schnur und einem Bleistift, um einen Viertelkreis aufzuzeichnen.

▶ *Auf einem Blatt Papier, bei dem zwei benachbarte Seiten jeweils mindestens so lang wie der Radius des Kreises sind, von einer Ecke aus den Radius abmessen und an der Papierkante markieren. Schnur an einen spitzen Bleistift binden. Eine Pinnwandnadel durch die Anfangsecke ins Papier einstechen. Den Bleistift vertikal auf der Radiusmarkierung halten und das andere Ende der straff gehaltenen Schnur an die Pinnwandnadel knoten. Einen Viertelkreis zwischen den beiden benachbarten Papierkanten zeichnen. Das Schnittmuster ausschneiden, den Stoff vierfach falten, das Schnittmuster so daraufstecken, dass die geraden Kanten des Papiers auf die Faltkanten treffen, und den Stoff danach zuschneiden.*

HANDNÄHSTICHE

Ab und zu müssen Nähte von Hand gearbeitet werden, etwa beim Heften, beim Schließen von Öffnungen oder Säumen. Für diese Aufgaben eignen sich der Heftstich, der Saumstich und der Hexenstich, die hier vorgestellt werden.

Heftstich

Mit Heftstichen lassen sich zwei Stofflagen vorübergehend verbinden, bevor sie mit der Nähmaschine zusammengenäht werden. Je mehr Sie nähen und je mehr Selbstvertrauen Sie dabei entwickeln, desto seltener werden Sie Nähte zuerst heften wollen, doch bei kniffligeren Stellen, beispielsweise wenn viele Stofflagen aufeinandertreffen, Ecken oder enge Rundungen genäht werden müssen, erweist sich das Heften immer als nützlich.

▶ *Heften Sie von Hand oder mit einem langen Geradstich der Nähmaschine und einem kontrastfarbenen Garn, damit die Stiche deutlich sichtbar sind. Normalerweise heftet man knapp innerhalb der Nählinie, damit die Heftstiche später leicht zu entfernen sind, aber manchmal, etwa an einer Ecke, ist es notwendig, aus Gründen der Genauigkeit auf der Nählinie zu heften. Entfernen Sie die Heftfäden, sobald die Naht fertiggestellt ist, wenn in der Anleitung nichts anderes steht.*

Saumstich

Mit Saumstichen verbindet man zwei Faltkanten miteinander, um eine Öffnung zu schließen, oder eine Faltkante mit einem flachen Stoffteil zu verbinden, beispielsweise um einen Schrägstreifen als Einfassung anzubringen (siehe Seite 57) oder einen Saum zu arbeiten (siehe Seite 46/47).

▶ *Mit einfachem Faden von rechts nach links arbeiten. Die Nadel durch eine Faltkante ausstechen. Einige wenige Fäden des Stoffs der anderen Kante aufnehmen und die Nadel etwa 6 mm von der Ausstichstelle entfernt wieder in die erste Faltkante einstechen. Die Stiche klein halten und den Vorgang bis zum Ende der Naht fortlaufend wiederholen.*

Hexenstich

Mit Hexenstichen näht man beispielsweise die Säume gefütterter Vorhänge an (siehe Seite 119). Der Hexenstich kann aber auch in größerem Maßstab als Zierstich eingesetzt werden wie etwa beim gestreiften Teppich (Seite 50–53).

▶ *Von links nach rechts arbeiten, wobei die Nadelspitze nach links weist. Die Nadel nahe der Saumkante ausstechen, einen kleinen Stich in den Stoff unterhalb des Saums etwa 6–10 mm weiter rechts machen, dann einen kleinen Stich in derselben Entfernung in den Saum arbeiten. Weiter in gleichmäßigen Abständen abwechselnd Stiche in den Saum und in den Stoff darunter setzen.*

Techniken und Projekte

Die hier beschriebenen Techniken werden für die Wohndeko-Projekte durchweg benötigt. Probieren Sie Methoden, die Ihnen neu sind, an Stoffresten aus, bevor Sie sich an ein Modell machen.

Die folgenden Dinge sollte Ihr Nähkasten auf jeden Fall für alle Projekte enthalten: Schneiderschere, Stickschere, Lineal, Maßband, Stecknadeln, Nähgarne und Nadeln, Durchziehnadel, selbstlöschender Textilmarker oder Schneiderkreide. Außerdem sollten ein dünner, spitzer Bleistift, Schnittmusterpapier und eine Papierschere zur Hand sein.

Nähte

Eine Naht verbindet zwei oder mehr Stofflagen miteinander, und die Nahtzugabe ist der Bereich zwischen der Naht und der offenen Stoffkante. Es ist wichtig, die Nahtzugaben durchweg gleich breit zu halten, damit die Stoffteile zueinander passen. Die Nählinie ist die imaginäre Linie, an der man entlangnäht.

GRUNDSÄTZLICHES ZUM THEMA NAHT

Nahtzugaben sind im Allgemeinen zwischen 1 cm und 1,5 cm breit. Diese Nahtzugaben werden in diesem Buch durchgehend verwendet. Die Nahtzugaben und die offenen Kanten aufeinander ausrichten und die Teile zusammenstecken. Die Stecknadeln entweder im rechten Winkel zur Nählinie einstechen, denn dann können Sie darübernähen, oder entlang der Nählinie mit der Spitze zum Nahtbeginn, damit sie im Verlauf des Nähens leicht entfernt werden können. Probieren Sie aus, welche Methode Ihnen besser liegt – vielleicht ja auch eine Kombination aus beiden. Wenn Sie noch wenig Erfahrung im Maschinennähen haben oder an einer kniffligen Stelle arbeiten müssen, sollten Sie die Stofflagen zuerst heften (siehe Seite 24).

In die Stichplatte der Nähmaschine sind Markierungen für die Standard-Nahtzugaben eingeprägt. Achten Sie beim Nähen darauf, dass die offenen Stoffkanten mit der entsprechenden Markierungslinie übereinstimmen, damit die Nahtzugabe immer gleich breit bleibt.

Senken Sie die Nadel ca. 1 cm vom Nahtbeginn in den Stoff ab und nähen Sie mit Rückstichen zum Beginn zurück; dann nähen Sie vorwärts weiter. Am Ende der Naht arbeiten Sie wieder 1 cm Rückstiche. Diese Rückstiche sorgen dafür, dass die Nahtenden sich nicht auflösen. Beim Nähen einer geschlossenen Naht, etwa rund um einen Kreis, lassen Sie Anfang und Ende der Naht ca. 1 cm weit überlappen. Die Fadenenden knapp über dem Stoff abschneiden.

TIPP: Ihr Werkstück gelingt noch professioneller, wenn Sie es nach jeder Naht bügeln.

EINFACHE NAHT

Dies ist die einfachste und am häufigsten verwendete Naht. Wie Sie die offenen Stoffkanten mit Zickzackstichen versäubern, um zu verhindern, dass sie ausfransen, lesen Sie auf Seite 36.

1 ▲ Die Stoffteile so aufeinanderlegen, dass die Kanten übereinstimmen, und an der Nähline entlangnähen. An einer Ecke stoppen, die Nadel im Stoff lassen und das Nähfüßchen anheben. Den Stoff so drehen, dass die nächste Ecke, bis zu der genäht werden soll, zu Ihnen weist. Das Nähfüßchen wieder absenken und auf der Nählinie weiternähen.

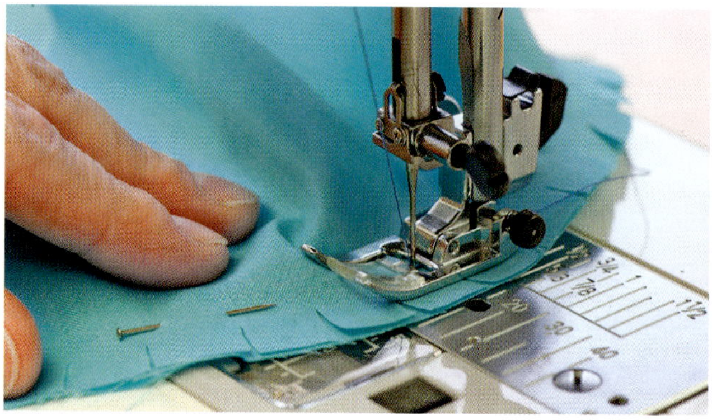

2 ▲ Wenn ein gerundetes Teil an eine gerade Kante genäht werden soll, die Nahtzugabe des geraden Teils in gleichmäßigen Abständen einschneiden, damit sie flach liegt. Die Naht stecken oder heften und erst dann nähen.

NAHTZUGABEN ABGESTUFT ZURÜCKSCHNEIDEN

Die Nahtzugaben bei mehrlagigen Teilen tragen weniger stark auf, wenn man sie abstuft: Nach dem Nähen alle Nahtzugaben unterschiedlich weit zurückschneiden.

▲ *Schneiden Sie die Nahtzugabe einer Paspel immer zurück, weil sie sonst unnötig aufträgt.*

ECKEN AB- UND RUNDUNGEN EINSCHNEIDEN

Diese Technik lässt Nahtzugaben flach liegen und sorgt dafür, dass sie sich nach dem Wenden des Werkstücks nicht wulstig abzeichnen.

▲ *Schneiden Sie die Nahtzugaben an einer Ecke mit einer Handarbeitsschere schräg ab, ohne in die Naht zu schneiden. An Rundungen schneiden Sie kleine V Formen aus der Nahtzugabe.*

KAPPNAHT

Bei dieser Naht werden die offenen Stoffkanten sauber eingeschlossen. Sie eignet sich für ungefütterte Vorhänge und andere Projekte, bei denen beide Stoffseiten sichtbar sind, beispielsweise als Verbindungsnaht bei einem Tischtuch oder einem Überlaken. Die Nahtzugabe für eine Kappnaht sollte 1,5 cm breit sein.

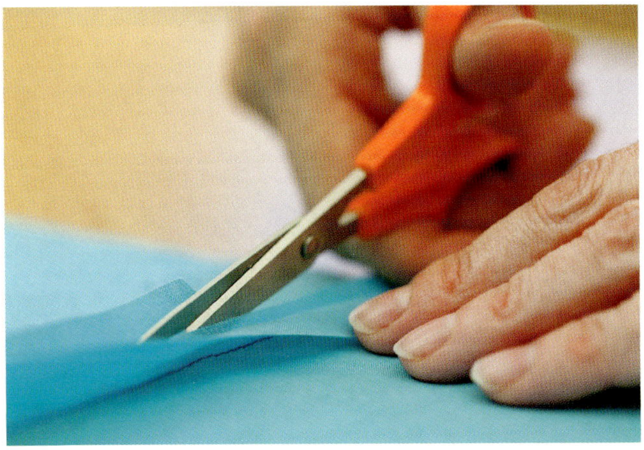

1 ▲ *Von der rechten Stoffseite eine einfache Naht mit einer Nahtzugabe von 1,5 cm arbeiten. Beide Nahtzugaben in dieselbe Richtung bügeln, dann die untere Nahtzugabe auf 1 cm Breite zurückschneiden.*

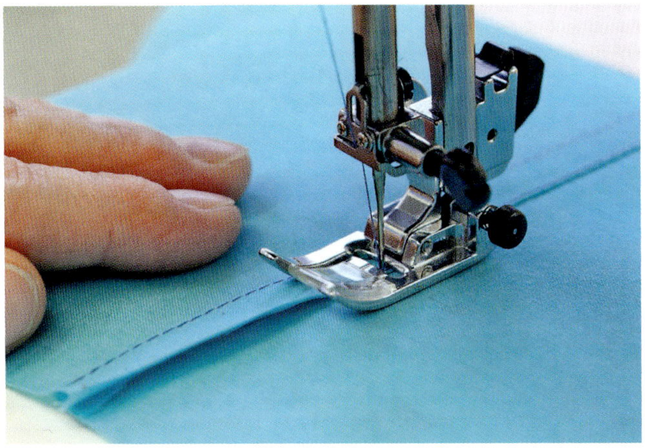

2 ▲ *Die obere Nahtzugabe 5 mm breit nach unten umbügeln und dicht an der Faltkante absteppen.*

Kissenbezug mit Stehsaum

Dieser Kissenbezug hat rundum einen großzügigen Stehsaum, der erst genäht wird, wenn die eigentliche Kissenhülle fertig ist. Den Übergang zum Stehsaum können Sie mit einem Karoband und einigen fertigen Stick-Applikationen aus der Kurzwarenabteilung des nächsten Kaufhauses betonen. Manche dieser Applikationen lassen sich aufbügeln, andere müssen aufgenäht werden.

GRÖSSE

Für ein Kissen 74 x 48 cm*

MATERIAL

- 90 cm Baumwollstoff (Renforcé) in Lila, 228 cm breit
- 260 cm Band, lila-rosa kariert, 1 cm breit
- 2–3 Applikationsmotive „Schmetterling"

ZUSCHNEIDEN

Baumwollstoff:

- 1 Rechteck, 82 x 62 cm, für die Rückseite
- 1 Rechteck, 62 x 35,5 cm, für die Rückseite
- 1 Rechteck, 88 x 62 cm, für die Vorderseite

* HINWEIS

Wenn Sie keine Kissenfüllung in der gewünschten Größe finden, können Sie selbst eines aus Inlettstoff nähen und mit Daunen, Kapok oder Füllwatte füllen. Alternativ können Sie die Stoffmengen und Zuschnittmaße für ein vorhandenes Kissen errechnen, indem Sie für die Vorderseite der Kissenhülle die Maße des Kissens + Stehsaumbreite x 2 + Nahtzugabe x 2 jeweils für Höhe und Breite nehmen und die Maße für die zweigeteilte Rückseite mit Hotelverschluss entsprechend anpassen.

1 ▶ An einer Schmalseite des größeren Rückseitenteils und an einer Längsseite des kleineren Rückseitenteils die Stoffkante erst 1 cm und dann 4 cm breit zur linken Seite umbügeln. Die inneren Faltkanten knappkantig absteppen. Das große Rückseitenteil rechts auf rechts so auf das Vorderteil stecken, dass die offenen Kanten übereinstimmen.

2 ▲ Die beiden Rückseitenteile mit den linken Stoffseiten nach oben aufeinanderlegen, sodass die gesäumten Kanten einander überlappen und die offenen Kanten übereinstimmen. Die Außenkanten mit 1 cm Nahtzugabe zusammennähen (siehe „Gerade Naht", Seite 28) und die Ecken der Nahtzugaben abschneiden. Den Kissenbezug auf rechts wenden und bügeln.

3 ◀ Mit selbstlöschendem Textilmarker und Lineal rundum eine Linie im Abstand von 5 cm zu den Außenkanten für den Stehsaum auf den Kissenbezug zeichnen. Das Karoband rundum so aufsteppen, dass die Außenkante des Bandes auf der markierten Linie liegt (siehe „Bänder aufnähen", Seite 96/97). Die Schmetterlingsmotive auf eine Ecke des Rahmens aus Karoband aufbügeln oder von Hand aufnähen.

Rundes Tischtuch

Suchen Sie sich für dieses kreisförmige Tischtuch mit der breiten Bordüre und der Pomponborte in der Naht zwei besonders schöne Stoffe aus. Nach der ausführlichen Schritt-für-Schritt-Anleitung können Sie das Modell für jede beliebige Tischgröße maßschneidern.

MATERIAL

- Baumwollstoff, lila gemustert, 112 cm breit (Menge abhängig von der Tischgröße)
- Baumwollstoff, lila mit weißen Tupfen, 112 cm breit (Menge abhängig von der Tischgröße)
- Pomponborte in Weiß (Menge abhängig von der Tischgröße)

ZUSCHNEIDEN

Baumwollstoff, lila gemustert:

- Siehe Schritt 1. Dann den Stoff vierfach zusammenlegen. Das Schnittmuster für den Viertelkreis so aufstecken, dass die Kanten übereinstimmen. Den Kreis ausschneiden.

Baumwollstoff, lila mit weißen Tupfen:

- 4 Viertelkreise zuschneiden (siehe Schritt 1); sie werden später zur Bordüre zusammengenäht.

1 ▲ Den Durchmesser des Tischs und die Höhe des gewünschten Überhangs ausmessen. Die Größe des Tischtuchs entspricht dem Tischdurchmesser plus zweimal der Überhangbreite. Ein Schnittmuster für einen Viertelkreis anfertigen (siehe Seite 24), aber noch nicht ausschneiden.
Legen Sie fest, wie breit die Bordüre werden soll, passen Sie die Schnurlänge Ihres improvisierten Zirkels an und zeichnen Sie die Linie für den Beginn der Bordüre innerhalb des Viertelkreis-Schnittmusters auf. Die Kontur der Bordüre auf Transparentpapier oder Butterbrotpapier übertragen. An den Kanten 1,5 cm für die Naht zugeben und den Fadenlauf parallel zur den geraden Kanten des Viertelkreises einzeichnen. Das Schnittmuster für die Bordüre ausschneiden.
Beim Schnittmuster für den Innenteil an der Linie für den Bordürenbeginn eine 1,5 cm breite Nahtzugabe einzeichnen und die Zeichnung ausschneiden, um sie als Schnittmuster zu verwenden (siehe „Zuschneiden", links).

2 ▶ Die weiße Pomponborte rund um die Kante des Stoffkreises stecken, dabei die Oberkante der Pompons mindestens 1,5 cm von der Stoffkante entfernt platzieren, damit sie später nicht in der Naht verschwinden. Die Borte gegebenenfalls heften. In die Nähmaschine den Reißverschluss- oder Paspelfuß einsetzen. Die Enden der Borte ca. 2 cm überlappen lassen. Den Kreisumfang in 4 Viertel unterteilen und die Viertel mit Stecknadeln markieren.

3 ◀ Die Bordürenteile mit Kappnähten entlang der geraden Kanten zum Ring zusammennähen. Den Stoffkreis so an den Ring stecken, dass die Markierungsnadeln mit den Nähten übereinstimmen. Den Ring mit dem Reißverschluss- oder Paspelfuß und 1,5 cm Nahtzugabe annähen. Die Nahtzugaben mit Zickzackstichen versäubern (siehe Seite 36) und zum Kreis hin bügeln.

4 ▶ Rund um die Bordüre im Abstand von 5 mm zur Kante Heftstiche von Hand oder sehr lange Geradstiche mit der Maschine arbeiten. Die Kante 1,5 cm breit zur linken Stoffseite umfalten und knapp an der Faltkante entlang heften. Die Fäden der ersten Heftreihe vorsichtig anziehen, um die Kante der Rundung anzupassen, sodass der Stoff glatt liegt.

5 ▼ Den Saum bügeln, dann die offene Kante entlang der eingereihten Heftlinie nach innen umschlagen und die Innenkante des Saums knappkantig absteppen.

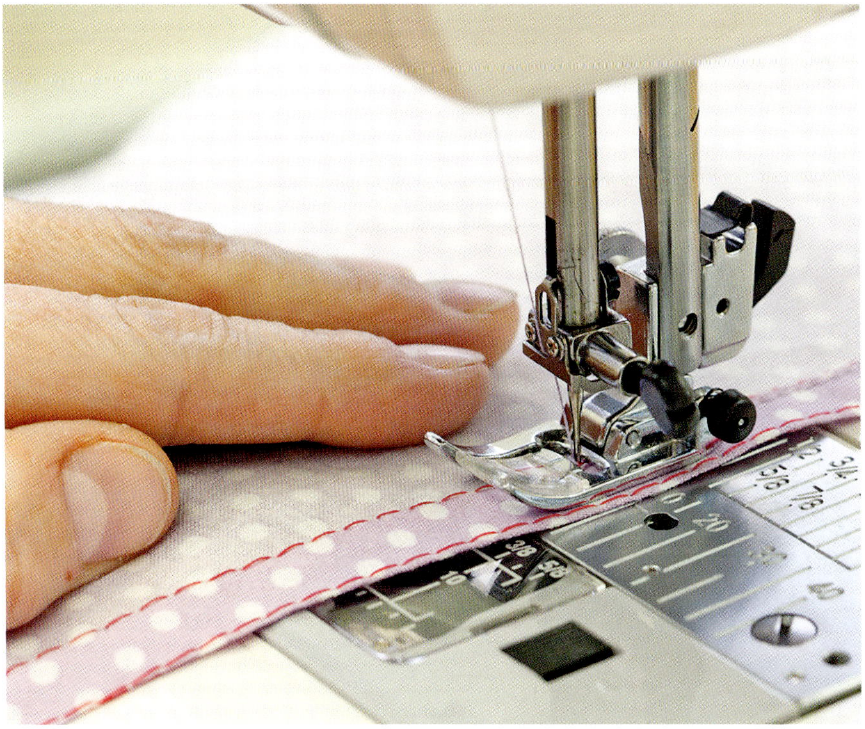

Rechts: *Detail des runden Tischtuchs*

Zickzacknähte

Mit einem offenen Zickzackstich können Sie die Kanten von Nahtzugaben versäubern oder einen Faden in Anlegetechnik aufnähen (siehe Decke mit Wellenlinien, Seite 98/99). Der Zickzackstich eignet sich aber auch hervorragend für dekorative Zwecke. Dicht gearbeitete Zickzackstiche verbergen offene Schnittkanten an Stoffen und können dazu verwendet werden, aus Stoff ausgeschnittene Formen zu konturieren oder ein Stoffmotiv auf einen Hintergrundstoff zu applizieren, ohne dass die Kanten ausfransen.

NAHTZUGABEN VERSÄUBERN

Sichern Sie die offenen Kanten von Nahtzugaben, die leicht ausfransen können, mit Zickzackstichen. Diesen Arbeitsschritt können Sie vor oder nach dem Zusammennähen ausführen. Wenn sich die Größe eines Projekts noch ändern kann, umkanteln Sie die Nahtzugaben nach dem Zusammennähen.

▶ *Probieren Sie den Zickzackstich immer erst auf einem Stoffrest aus. Stellen Sie Stichbreite und Stichlänge jeweils auf etwa 3 mm ein und nähen Sie an den offenen Kanten entlang.*

ZICKZACK-KANTE

Es empfiehlt sich, beim Nähen enger Zickzacknähte eine Lage Stickvlies unter den Stoff zu legen, denn dadurch bekommt die Arbeit mehr Stabilität.

1 ◀ *Auf der rechten Stoffseite die Kontur, die mit Zickzackstichen übernäht werden soll, mit selbstlöschendem Textilmarker oder einem spitzen Bleistift aufzeichnen. Außerhalb der Linie sollten 3 cm Stoff stehenbleiben. Stickvliesstreifen unter die Kontur legen und feststecken. Die Streifen sollten zu beiden Seiten der Linie mindestens 12 mm überstehen. Mit Geradstichen entlang der Konturlinie steppen.*

2 ▲ Stellen Sie die Nähmaschine auf einen 4 mm breiten, dichten Zickzackstich ein. Die Kontur so übernähen, dass die Geradstichnaht in der Mitte liegt. An der Ecke 2 mm über die Geradstichnaht hinausnähen, dann stoppen und die Nadel an der Außenkante der Ecke im Stoff stecken lassen, das Nähfüßchen anheben und den Stoff drehen. Das Nähfüßchen wieder absenken und die Naht bis zur nächsten Ecke fortsetzen. Am Ende einer geschlossenen Kontur ca. 1 cm weit über den Nahtbeginn nähen.

3 ▲ Die Fadenenden am Beginn und am Ende der Naht nicht abschneiden, sondern auf die linke Stoffseite ziehen und mit einer Nadel von Hand etwa 3 cm weit unter den Zickzackstichen vernähen. Erst jetzt die überstehenden Enden abschneiden.

4 ▲ Das Stickvlies beidseitig der Zickzacknaht vorsichtig abreißen.

5 ▲ Den überstehenden Stoff außerhalb der Zickzackkontur mit einer scharfen Handarbeitsschere sorgfältig abschneiden.

Blütendeckchen mit Zickzackkontur

Dieses von der Pop-Art inspirierte Deckchen hat eine herrlich unbeschwerte und doch elegante Note. Die Bogenkanten werden mit engen Zickzackstichen und einem Maschinenstickgarn versäubert. Wie Sie gerade Kanten mit dekorativen Bögen versehen, lesen Sie auf Seite 92. Sie können aber auch Deckchen in Wolken- oder Blattform oder in beliebigen anderen Formen nähen.

GRÖSSE
28,5 cm Durchmesser

MATERIAL
- 35 cm dicker Baumwollstoff in Pink, 90 cm breit
- 33 cm Stickvlies, 90 cm breit
- Maschinenstickgarn in Pink

ZUSCHNEIDEN
Dicker Baumwollstoff:
- 1 Quadrat, 35 x 35 cm

Stickvlies:
- 1 Quadrat, 33 x 33 cm

1 ▲ Die Vorlage von Seite 138 vergrößern und mit selbstlöschendem Textilmarker auf die rechte Seite des pinkfarbenen Stoffrechtecks übertragen. Das Stickvlies darunter feststecken.

2 ▲ Die aufgezeichnete Kontur nach der auf Seite 36/37 beschriebenen Technik mit Zickzackstichen umnähen, dabei den Stoff beim Nähen um die Rundungen vorsichtig mit der Hand führen.

TIPP: Maschinenstickgarne gibt es auch meliert, mit Metallic- oder Holografie-Effekt. Manche Firmen bieten sogar Maschinenstickgarne an, die im Dunklen leuchten: ein toller Effekt an Tischsets für ein Abendessen bei gedämpftem Licht.

Einsatzstreifen

Als Einsatzstreifen bezeichnen wir hier einen Stoffstreifen, der zwischen Vorder- und Rückseitenteil oder zwischen einem oberen und einem unteren Stoffteil eingenäht wird, damit eine dreidimensionale Form wie eine Tasche oder ein Kasten entsteht. Nach dieser Technik können Sie zum Beispiel den Korb und die Einkaufstasche auf den folgenden Seiten nähen.

EINSATZSTREIFEN UM DIE ECKE FÜHREN

1 ▶ *Die einzelnen Streifenteile rechts auf rechts aneinandernähen, dabei die Naht nur zwischen der oberen und der unteren Nahtzugabe arbeiten. Die Nahtzugaben auseinanderbügeln.*

2 ▲ *Den Einsatz kantengenau an das Hauptteil stecken, dabei die Naht um die Ecke führen.*

3 ▲ *Die Ecken der Nahtzugaben abschneiden.*

EINSATZSTREIFEN AN EINEN KREIS NÄHEN

1 ▶ *Die Enden des Einsatzstreifens rechts auf rechts zusammennähen, sodass ein Ring entsteht. Die Nahtzugaben auseinanderbügeln.*

2 ◀ *Den Stoffkreis und eine Kante des Einsatzstreifens zu Vierteln falten und die Stoffkanten an den so ermittelten Stellen mit Stecknadeln markieren. Wenn der Kreis klein ist, die Nahtzugabe des Streifens in gleichmäßigen Abständen einschneiden – so legt sich die Nahtzugabe beim Annähen flach an die Rundung an. Von der rechten Seite der Arbeit den Kreis an eine Kante des Streifens stecken, sodass die Viertel-Markierungen aufeinandertreffen.*

3 ▶ *Die Naht erst heften und dann nähen. Die Nahtzugaben zum Einsatzstreifen hin bügeln.*

Weicher Aufbewahrungskorb

Diese angenehm weiche Aufbewahrungsbox ist eine moderne Variante der guten alten Arbeitskiste. Der Stoffkorb eignet sich ausgezeichnet für Näh- und Strickprojekte, denn durch die Wattierung schützt er den Inhalt zusätzlich. Als Wattierung dient ein aufbügelbares Volumenvlies mittlerer Stärke (siehe Seite 16), das etwas kleiner als die Stoffteile zugeschnitten wird, damit es in den Nähten nicht zu stark aufträgt.

GRÖSSE

30 x 21 x 15 cm (Länge x Breite x Höhe)

MATERIAL

- 50 cm aufbügelbares Volumenvlies mittlerer Stärke, 90 cm breit
- 50 cm weicher Dekostoff aus Baumwolle, hellblau mit Tupfen, 137 cm breit
- 50 cm weicher Dekostoff aus Baumwolle, blau gestreift, 137 cm breit
- Rechteck aus dünnem Kunststoff, 29,5 x 20,5 cm

ZUSCHNEIDEN

Volumenvlies:

- 2 Rechtecke, 23 x 22 cm, für die Seitenwände
- 2 Rechtecke, 31 x 22 cm, für Vorder- und Rückseite
- 1 Rechteck, 31 x 22 cm, für den Boden

Baumwollstoffe, getupft und gestreift, jeweils:

- 2 Rechtecke, 24 x 23 cm, für die Seitenwände
- 2 Rechtecke, 32 x 23 cm, für Vorder- und Rückseite
- 1 Rechteck, 32 x 23 cm für den Boden

1 ▶ Das aufbügelbare Volumenvlies mittig auf die linke Seite der getupften Stoffteile bügeln. Die getupften Rechtecke für Vorder- und Rückseite sowie für die Seitenteile mit 1 cm Nahtzugabe entlang der 22 cm langen Kanten rechts auf rechts zum Ring zusammennähen, dabei die Naht 1 cm von der Unterkante entfernt beenden. Mit den blau gestreiften Rechtecken für Vorder- und Rückseite und Seitenteile genauso verfahren. Die Nahtzugaben auseinanderbügeln.

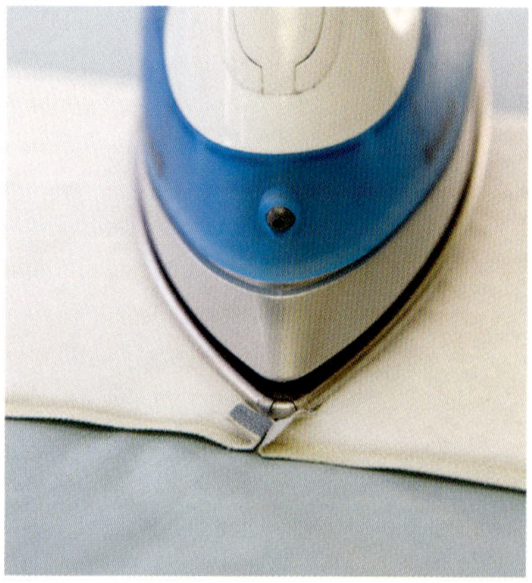

TIPP: Das Zusammennähen des getupften und des gestreiften Stoffteils gelingt möglicherweise leichter, wenn Sie den Auflagetisch der Nähmaschine entfernen.

2 ▲ Den blau gestreiften und den getupften Stoffring an den Oberkanten rechts auf rechts zusammenstecken und mit 1 cm Nahtzugabe rundum zusammennähen; dabei darauf achten, dass die Nähte übereinstimmen. Die Arbeit auf rechts wenden, sodass die getupfte Seite außen liegt. Die Oberkante bügeln. Die Lagen an der offenen Unterkante zusammenstecken.

3 ▲ Den gestreiften Boden rechts auf rechts an die Unterkante des gestreiften Wandteils stecken, sodass die Nähte auf die Ecken treffen. Die Wände mit 1 cm Nahtzugabe an den Boden nähen (siehe Seite 40, „Einsatzstreifen um die Ecke führen"). Die Nahtzugaben zum Boden hin bügeln. An allen Seiten des getupften Bodens einen 1 cm breiten Saum umbügeln. Den getupften Boden links auf links von Hand an den Boden der Box nähen, sodass die Ecken übereinstimmen. Die benachbarten gebügelten Kanten an die Naht stecken.

4 ▼ Die gebügelten Kanten entlang einer Längs- und einer Querseite mit Saumstichen annähen (siehe Seite 25). Das Kunststoffrechteck zum Versteifen zwischen die beiden Bodenteile schieben und die Nahtzugabe so anpassen, dass sie oberhalb des Kunststoffs liegt. Die verbleibenden gebügelten Kanten entlang der Bodennaht aufstecken und mit Saumstichen annähen. Die blau gestreifte Seitenwand des Korbes etwa 5 cm breit nach außen umschlagen.

Einkaufstasche

Der tägliche Einkauf macht gleich viel mehr Spaß, wenn man seine Last in einer so hübschen Tasche nach Hause tragen kann. Die Tasche ist aus drei unterschiedlichen und doch harmonierenden Stoffen genäht – also das ideale Projekt zum Aufbrauchen bunter Stoffreste. Bei einer Höhe von knapp 40 cm hat einiges in der Tasche Platz!

GRÖSSE

Höhe 38 cm (ohne Henkel), Breite 34 cm

MATERIAL

- 50 cm Baumwollstoff mit grünen Streifen, 112 cm breit
- 20 cm feste Vlieseinlage zum Aufbügeln, 90 cm breit
- 50 cm Baumwollstoff, türkis gemustert, 112 cm breit
- 50 cm Baumwollstoff, grün gemustert, 112 cm breit
- 50 cm feste, flexible Vlieseinlage zum Aufbügeln, 90 cm breit

ZUSCHNEIDEN

Baumwollstoff, grün gestreift:

- 2 Streifen, 55 x 10 cm, für die Henkel
- 2 Rechtecke, 40 x 36 cm, für das Futter (Vorder- und Rückseite)
- 2 Rechtecke, 40 x 8 cm, für das Futter (seitliche Einsätze)
- 1 Rechteck, 36 x 8 cm, für das Futter (Boden)

Feste Vlieseinlage:

- 2 Streifen, 55 x 10 cm, für die Henkel

Baumwollstoff, türkis gemustert, und feste, flexible Vlieseinlage, jeweils:

- 2 Rechtecke, 40 x 36 cm, für Vorder- und Rückseite

Baumwollstoff, grün gemustert, und feste, flexible Vlieseinlage, jeweils:

- 2 Rechtecke, 40 x 8 cm, für die seitlichen Einsätze
- 1 Rechteck, 36 x 8 cm, für den Boden

1 ▲ Die Vlieseinlage auf die Rückseite der entsprechenden Stoffteile aufbügeln. Die Henkel nach der Anleitung auf Seite 76 arbeiten und auf die rechte Seite des Vorderseiten- und Rückseitenteils stecken: 9,5 cm von den Oberkanten der Schmalseiten und 8 cm von den Seitenkanten entfernt.

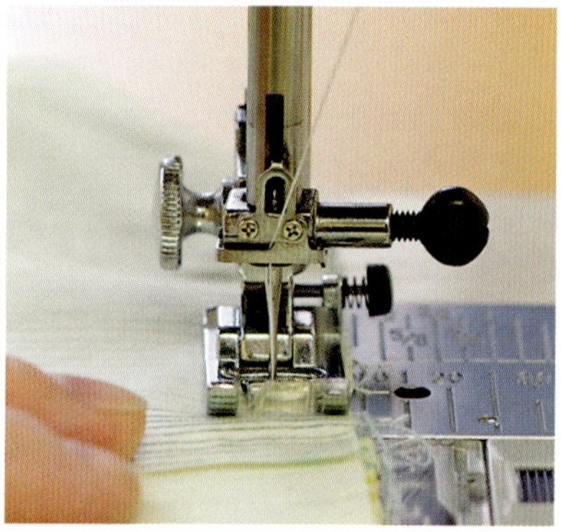

2 ▲ Die seitlichen Einsatzstreifen und den Boden zusammennähen und an die Längsseiten und die untere Schmalseite von Vorderseiten- und Rückseitenteil nähen, wie auf Seite 40 beschrieben. Die Nahtzugaben auseinanderbügeln. Das Futter genauso nähen, jedoch an einer Seite 20 cm der Naht zum Wenden offen lassen. Die Tasche auf rechts wenden und rechts auf rechts in die Futtertasche stecken, sodass die Nähte übereinstimmen. Die Oberkanten mit 1 cm Nahtzugabe zusammennähen.

3 ▶ Das Futter auf rechts wenden, die Öffnung zunähen (siehe Seite 25); dann das Futter in die Tasche stecken und die Oberkante bügeln. Den oberen Rand 7,5 cm von der Kante entfernt absteppen.

END
8

Säume

Es gibt viele Fälle, in denen man Stoffe von Hand oder mit der Maschine säumen muss, damit die offene Kante nicht ausfranst und das Projekt perfekt aussieht, deshalb lohnt es sich, Zeit und Mühe darauf zu verwenden.

EINFACHER SAUM

1 ▲ Die Schnittkante des Stoffs 1 cm breit zur linken Seite umbügeln, dann die Unterkante noch einmal in der gewünschten Saumbreite umbügeln.

2 ▲ Wenn der Saum eine Ecke bilden soll, den Stoff an der Ecke wieder entfalten und die Saumzugabe 6 mm von der Ecke entfernt diagonal abschneiden.

3 ▲ Die diagonal geschnittene Ecke einschlagen, dann den Saum wieder falten. Die abgeschrägten Kanten zusammennähen (siehe Seite 25).

4 ▲ Den Saum dicht an der inneren gebügelten Kante mit der Nähmaschine annähen oder von Hand mit Saumstichen befestigen.

VORHANGSAUM

1 ▶ Wenn die Seitenkanten des Vorhangs gesäumt sind, die Unterkante erst 2 cm, dann weitere 8 cm breit zur linken Stoffseite umschlagen. Die äußere Ecke mit einer Stecknadel markieren. Mit einer zweiten Stecknadel den Punkt kennzeichnen, an dem der untere Saum an den Innenkanten auf den seitlichen Saum trifft.

2 ◀ Den Saum einmal an der Ecke entfalten. Die Ecke zwischen den Stecknadeln schräg einfalten, dann den Saum wieder wie zuvor falten. Die abgeschrägte Ecke annähen (siehe Seite 25). Den Saum eines ungefütterten Vorhangs mit Saumstichen, den eines Vorhangs mit Futter oder Futter und Zwischenfutter mit Hexenstichen annähen (siehe Seite 25).

Handtuch mit Bordüre

Verleihen Sie einem einfachen Handtuch mit einer Bordüre aus buntem Stoff und Zackenlitze eine persönliche Note. Durch einen Saum mit sauberen Briefecken an der Unterkante sieht das Handtuch von beiden Seiten dekorativ aus. Ein Set solcher Handtücher mit Bordüren wäre ein hübsches Geschenk zum Einzug ins neue Heim.

MATERIAL

- Handtuch, cremefarben
- Ca. 40 cm Baumwollstoff, türkis gemustert, 112 cm breit
- Ca. 120 cm Zackenlitze in Beige, 15 mm breit

ZUSCHNEIDEN

Messen Sie die Breite des Handtuchs ab. Dann überlegen Sie, wie hoch die Stoffbordüre werden soll: Beim abgebildeten Handtuch ist sie 10 cm hoch. Viele Handtücher haben einen glatt gewebten Streifen direkt oberhalb der Kanten an den Schmalseiten: In diesem Fall messen Sie die Bordürenhöhe von der Oberkante des Webstreifens bis zur Unterkante des Handtuchs.

Baumwollstoff in Türkis:

- 2 Rechtecke in der Breite des Handtuchs plus 6 cm und in der gewünschten Bordürenhöhe plus 4 cm für den Saum

1 ▲ Den Baumwollstoff an den Längsseiten 1 cm breit zur linken Seite umbügeln. Auf der rechten Stoffseite 15 mm breite Zackenlitze über eine gebügelte Kante heften.

2 ◀ Gemäß Schritt 1–3 der Anleitung auf Seite 46 an den offenen Kanten des Bordürenstoffs einen Saum umbügeln (Saumbreite 2 cm) und Briefecken arbeiten. Die Schmalseite und die Ecken des Handtuchs in den gebügelten Saum stecken, dann die gesäumten Kanten mit Stecknadeln am Handtuch fixieren.

3 ▲ Das Handtuch umdrehen und den Stoff glattstreichen, dann die Oberkante der Bordüre an das Handtuch stecken. Die Säume an das Handtuch nähen (siehe Seite 25).

4 ▲ Mit der Nähmaschine über die Mitte der Zackenlitze nähen, dabei durch alle Lagen – Zackenlitze, Bordüre und Handtuch – stechen.

Streifenteppich

Bringen Sie mit diesem Wollteppich einen gemütlichen und doch stilvollen Touch in Ihr Heim. Die hübschen Streifen entstehen dadurch, dass Streifen aus Wollstoffen in harmonierenden Farben auf eine Vliesrückseite aufgebügelt und an den Ansatzstellen mit großen Hexenstichen verbunden werden. Der Teppich ist 120 x 75 cm groß. Schneiden Sie die Streifen sorgfältig im Fadenlauf zu, damit die Kanten sauber gelingen.

MATERIAL

- 130 cm feste, flexible Vlieseinlage zum Aufbügeln, 90 cm breit
- 90 cm Wollstoff oder Walkloden in Hellrosa, 150 cm breit
- 50 cm Wollstoff oder Walkloden in mittlerem Rosa, 150 cm breit
- Fester Faden, cremefarben

ZUSCHNEIDEN

Feste, flexible Vlieseinlage:
- 1 Rechteck, 120 x 75 cm, für die Rückseite

Wollstoff oder Walkloden in Hellrosa:
- 1 Rechteck, 85 x 24 cm, für den mittleren Streifen
- 2 Rechtecke, 85 x 29 cm, für die äußeren Streifen

Wollstoff oder Walkloden in mittlerem Rosa:
- 2 Rechtecke, 85 x 24 cm, für den 2. und 4. Streifen

1 ▶ Den mittleren Streifen mit der linken Seite nach oben auf das Bügelbrett legen. Mit selbstlöschendem Textilmarker feine Linien im Abstand von 24 cm parallel zu den Schmalseiten auf die Vlieseinlage für die Rückseite zeichnen. Die Vlieseinlage mit der Haftbeschichtung nach unten so auf dem Stoffstreifen platzieren, dass die beiden mittleren Linien mit den Längsseiten des Streifens übereinstimmen und die beiden Schmalseiten jeweils 5 cm über die Längskanten der Vlieseinlage für die Rückseite überstehen. Die Vlieseinlage auf den Stoffstreifen bügeln, um beide Teile zu verbinden. Achtung! Nicht über den Streifen hinaus bügeln, sonst verklebt die Einlage mit dem Bügelbrett.

2 ◀ Die Enden der Vlieseinlage anheben und jeweils einen Streifen in mittlerem Rosa an die Längsseiten des Mittelstreifens ansetzen, sodass die Schmalseiten ebenfalls oben und unten jeweils 5 cm über die Bügeleinlage überstehen. Die Vlieseinlage wieder zurückklappen und auf die beiden Streifen aufbügeln wie zuvor.

3 ▶ Die Ansatzstellen der Streifen mit großen Hexenstichen übersticken (siehe Seite 25), dabei jeweils 5 cm zu den Längsseiten hin frei lassen. Die überstehenden freien Streifenenden mit Nähgarn zusammennähen.

TIPP: Damit die Hexenstiche gleichmäßig gelingen, mit selbstlöschendem Textilmarker im Abstand von 1 cm zum Stoß parallele Linien links und rechts von der Verbindungsstelle aufzeichnen und die Hexenstiche zwischen diesen Linien arbeiten.

4 ▲ Die offenen Kanten 5 cm breit zur linken Teppichseite umbügeln. Den Teppich gemäß Schritt 2 und 3 der Anleitung für den einfachen Saum säumen (siehe Seite 48). Den Saum mit Hexenstichen und Nähgarn annähen. Achtung! Stechen Sie dabei nicht zur rechten Seite des Teppichs durch.

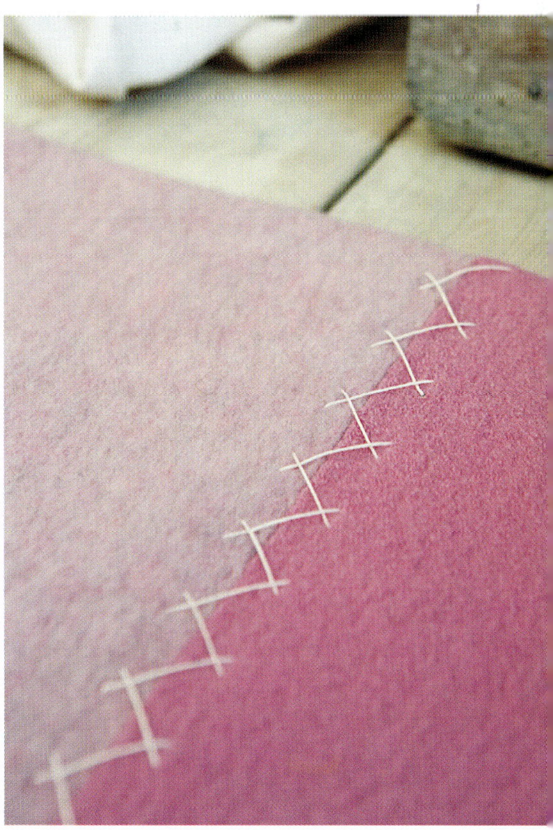

Rechts: *Detail des Streifenteppichs*

Überzug für einen Fußschemel

Ein Überzug in frischen Farben verwandelt einen alten, viereckigen Fußschemel in ein topmodisches Wohn-Accessoire. Es ist ganz einfach, ihn maßzuschneidern, und erfordert nur ein paar Nähte. Ein Ripsband versäubert die Unterkante und nimmt als Tüpfelchen auf dem i eine der Farben aus dem Stoff wieder auf. Zum Waschen kann der Bezug abgenommen werden.

MATERIAL

- Weicher Dekostoff, rosa-hellgrün gestreift, 137 cm breit (Menge abhängig von der Schemelgröße)
- Ripsband in Dunkelrosa, 2,5 cm breit (Menge abhängig von der Schemelgröße)

ZUSCHNEIDEN

Messen Sie Länge und Breite der Schemel-Oberseite sowie die gewünschte Höhe des Bezugs (von der Oberkante bis ca. 2,5 cm unterhalb der Polster-Unterkante).

Dekostoff, rosa-hellgrün gestreift:

- 1 Rechteck oder Quadrat, Länge = Schemellänge + Bezughöhe x 2 + 6 cm, Breite = Schemelbreite + Bezughöhe x 2 + 6 cm

1 ◀ Den Stoff mit der linken Seite nach oben mittig auf die Oberseite des Schemels legen und von der Mitte nach außen und an den Seiten des Hockers nach unten glattstreichen. An den Ecken den überschüssigen Stoff abstecken. Die Stecknadeln so anpassen, dass eine saubere Ecke entsteht und der Stoff glatt, aber nicht übertrieben straff sitzt. Die Stecknadeln markieren die Nählinie. Wenn die Ecken abgerundet sind, die Nähte so abstecken, dass sie genau der Rundung folgen, und zur Oberseite des Hockers hin flach auslaufen lassen.

2 ▶ Wenn Sie mit der Passform zufrieden sind, überprüfen Sie, ob alle Stecknadeln fest sitzen, und nehmen den Bezug ab. Schneiden Sie den über die abgesteckte Linie überstehenden Stoff bis auf eine Nahtzugabe von 1,5 cm zurück.

3 ▲ Die Ecken entlang der abgesteckten Linien nähen. Die Nahtzugaben mit Zickzackstichen versäubern (siehe Seite 36) und auseinanderbügeln. Den Bezug über den Schemel ziehen und den Saum abstecken, dann den Bezug wieder abnehmen. Die Unterkante bis auf 2,7 cm unter die gewünschte Bezughöhe zurückschneiden und einen 2 cm breiten einfachen Saum arbeiten (siehe Seite 46).

4 ▼ Das Ripsband auf der rechten Stoffseite so an die Unterkante des Bezugs stecken, dass es 3 mm über den Saum hinausragt. Das Bandende den Anfang 3 cm überlappen lassen, den Rest des Bandes abschneiden. Das Bandende 1 cm weit zur linken Bandseite einschlagen und an den Bezug stecken. Das Band knapp an der Oberkante entlang aufsteppen. Die überlappenden Enden mit Saumstichen zusammennähen (siehe Seite 25).

Schrägstreifen

Mit Schrägstreifen versäubert man offene Stoffkanten. Sie können entweder unauffällig aus einem passenden Stoff oder als eigenes Gestaltungselement aus einem kontrastierenden Stoff geschnitten werden. Im geraden Fadenlauf geschnittene Streifen können nur zum Einfassen gerader Stoffkanten dienen, wohingegen sich Schrägstreifen (diagonal zum Fadenlauf geschnitten) zum Einfassen gerundeter wie gerader Kanten verwenden lassen.

SCHRÄGSTREIFEN ZUSCHNEIDEN

„Schrägstreifen" bedeutet, dass der Stoff nicht im geraden Fadenlauf von Kette oder Schuss zugeschnitten wurde. Im schrägen Fadenlauf geschnittene Streifen eignen sich als Einfassung, aber auch für Stoffschläuche (siehe Seite 77) oder für Paspeln (siehe Seite 60). Durch den schrägen Zuschnitt dehnen sich die Nähte – daher Vorsicht beim Nähen!

▶ *Den Stoff diagonal im 45-Grad-Winkel zur Webkante falten und entlang der Faltkante bügeln, dann wieder entfalten. Für Einfassungen und Paspeln geben Sie 10 cm zur gewünschten Länge hinzu, um den Streifen um Rundungen und Ecken führen und die Enden versäubern zu können. Für Verbindungen rechnen Sie 6 mm Nahtzugabe hinzu. Ziehen Sie mit Lineal und Textilmarker Linien parallel zur eingebügelten Linie auf; dann schneiden Sie die Streifen zu.*

SCHRÄGSTREIFEN VERBINDEN

◀ *Die beiden Schrägstreifen rechts auf rechts im 90-Grad-Winkel aufeinanderlegen, sodass die Enden übereinstimmen, und mit 6 mm Nahtzugabe zusammennähen. Die Nahtzugaben auseinanderbügeln und die überstehenden Ecken abschneiden.*

SCHRÄGBAND ANFERTIGEN

Es gibt zwar fertige Schrägstreifen zu kaufen, aber mit einem handelsüblichen Schrägbandformer (siehe Seite 12) können Sie ganz schnell, einfach und preiswert selbst Schrägbänder anfertigen. Dieses schlichte Werkzeug aus Metall gibt es in verschiedenen Größen für 12 mm, 18 mm, 25 mm und 50 mm breite Einfassstreifen. In der Gebrauchsanweisung steht, wie breit der Schrägstreifen dafür zugeschnitten werden muss.

▶ *Auf einem Bügelbrett den im schrägen (oder geraden) Fadenlauf zugeschnittenen Stoffstreifen durch das breite Ende des Schrägbandformers schieben. Wenn der Streifen am schmalen Ende wieder austritt, sind die Kanten eingeschlagen. Das Schrägband beim Durchziehen des Streifens nach und nach bügeln.*

GESCHLOSSENE EINFASSUNG

▲ *Eine Faltkante des Einfassstreifens öffnen. Die offene Schmalseite des Streifens nach innen umschlagen. Das Schrägband kantengenau rechts auf rechts an den Stoff stecken. Das Streifenende den Anfang 1 cm weit überlappen lassen, den Rest abschneiden. Die Streifenenden übereinander stecken. Den Streifen entlang der Faltlinie annähen.*

GERADE KANTE EINFASSEN

▲ *Das Schrägband rechts auf rechts an den Stoff stecken, sodass die offenen Kanten übereinstimmen und die Streifenenden mindestens 1 cm über die einzufassende Kante hinausragen. Das Schrägband entlang der Faltlinie annähen. Beide Enden der Einfassung nach innen einschlagen und mit einer Stecknadel sichern.*

EINFASSUNG FERTIGSTELLEN

▲ *Das Schrägband zur Unterseite des einzufassenden Projekts umschlagen, sodass es die offenen Kanten einfasst, und die eingebügelte Faltkante an die Naht anlegen. Das Band entlang der Naht feststecken. Das Band entlang der Faltkante mit Saumstichen oder der Nähmaschine annähen. Die Enden der Einfassung mit Saumstichen annähen (siehe Seite 25).*

Kaffeewärmer

Halten Sie den Kaffee in einer Bistrokanne auf besonders dekorative Weise warm – mit dieser hübschen, voluminös wattierten Haube. Die Kanten sind mit farblich passenden, handgearbeiteten Schrägbändern eingefasst, eine Schlaufe mit einem schönen Knopf dient als Aufhänger.

MATERIAL

- 40 cm Baumwollstoff, blau gemustert, 112 cm breit
- 30 cm Volumenvlies mittlerer Stärke, 90 cm breit
- 60 cm Baumwollstoff in Lila, 112 cm breit
- Schrägbandformer, 18 mm
- 1 Perlmuttknopf, ∅ 15 mm

ZUSCHNEIDEN

Baumwollstoff, blau gemustert, und Volumenvlies, jeweils:

- 2 x die Form für den Kaffeewärmer (Vorlage auf Seite 140)

Baumwollstoff, lila:

- 2 x die Form für den Kaffeewärmer
- 1 Schrägstreifen, 76 x 3,5 cm, für die Einfassung (siehe Seite 56)
- 1 Schrägstreifen, 18 x 3 cm, für die Schlaufe

TIPP: Wenn Ihr gemusterter Stoff ein auffallendes Motiv zeigt, platzieren Sie es mittig, wie auf Seite 22 beschrieben. Allerdings müssen Sie dann vermutlich mehr Stoff einkalkulieren.

1 ▲ Jedes blau gemusterte Kaffeewärmer-Teil mit der rechten Stoffseite auf ein Teil aus Volumenvlies stecken. Die lilafarbenen Kaffeewärmer-Teile mit der rechten Seite nach oben daraufstecken. Alle 3 Lagen entlang der geraden Unterkante mit 1 cm Nahtzugabe zusammennähen. Das Volumenvlies vorsichtig aus der Nahtzugabe herausschneiden. Das lilafarbene Teil nach unten klappen. Die offenen Kanten zusammenstecken, dabei das Volumenvlies zwischen den Stoffteilen einschließen. Die genähten Kanten bügeln.

2 ▲ Beide Kaffeewärmer-Teile mit den gemusterten Seiten nach außen aufeinanderlegen und die offenen Kanten wie auf Seite 56/57 beschrieben („Schrägstreifen zuschneiden", „Gerade Kante einfassen", „Einfassung fertigstellen") mit Schrägband in Lila einfassen und dabei zugleich verbinden.

3 ▲ Für die Schlaufe einen Schlauch aus lilafarbenem Stoff anfertigen (siehe Seite 77) und die Enden mit Saumstichen schließen. Den Schlauch an der Oberkante des Kaffeewärmers überkreuz zur Schlaufe legen und annähen. Den Knopf auf den Kreuzungspunkt nähen.

Paspeln

Mit einer Paspel lässt sich eine Naht betonen. Fertige Paspeln gibt es relativ teuer in einer begrenzten Auswahl an Farben, doch Sie können ganz einfach selbst eine Paspel herstellen, indem Sie eine preiswerte Paspelschnur mit einem Stoffstreifen ummanteln. Die Auswahl an Stoffen und Farben ist riesig: Wählen Sie die Paspel passend oder kontrastierend zum Hauptteil.

PASPEL ANFERTIGEN

__1__ ▶ Messen Sie den Umfang der Paspelschnur mit einem Maßband und addieren Sie 3 cm für die Nahtzugaben. Dann schneiden Sie einen Schrägstreifen in der errechneten Breite und in der erforderlichen Länge plus 10 cm zum Anpassen und Verbinden, wie auf Seite 56 beschrieben. Falls nötig, setzen Sie mehrere Schrägstreifen zusammen (siehe Seite 56).

__2__ ◀ Die Schnur mittig auf die linke Seite des Schrägstreifens legen. Die Nähmaschine auf einen langen Geradstich zum Heften einstellen. Den Streifen der Länge nach zur Hälfte zusammenlegen, sodass die Schnur eingeschlossen wird. Mit einem Paspel- oder Reißverschlussfuß in der Nähmaschine und farblich passendem Nähgarn nahe an der Paspelschnur entlangnähen.

RUNDUNGEN PASPELN UND PASPELENDEN VERBINDEN

1 ▲ Um die Enden einer Paspel zu verbinden – etwa beim Paspelieren eines Kreises –, lassen Sie sie 2,5 cm weit überlappen. Die Paspel so auf die rechte Seite des Stoffs stecken, dass die offenen Kanten übereinstimmen; die letzten 5 cm vor und nach der Überlappung noch nicht feststecken. Wenn die Paspel um eine Rundung geführt wird, die Nahtzugaben einschneiden, damit sie flach liegen. Auf einer Länge von 5 cm zu beiden Seiten der Überlappungsstelle die Heftstiche auftrennen, um die Schnur freizulegen. Die Schnurenden aufdröseln und auf 2,5 cm Länge jeweils die Hälfte der Einzelfäden, aus denen die Schnur besteht, wegschneiden, damit die Schnur dünner wird.

2 ▲ Die Schnurenden zusammendrehen, mit einem Faden umwickeln und mit einigen Stichen fixieren.

3 ▲ Ein Ende des Paspelstreifens wieder um die Schnur legen. Das andere Streifenende 6 mm breit zur linken Seite einschlagen und ebenfalls um die Schnur legen. Den Stoffstreifen vor dem Annähen feststecken und heften.

PASPEL UM EINE ECKE FÜHREN

◀ Auf der rechten Stoffseite beginnen, die Paspel so festzustecken, dass die offenen Kanten übereinstimmen. Wenn Sie die Ecke erreichen, schneiden Sie die Nahtzugabe der Paspel ein, damit die Paspel um die Ecke geführt werden kann. Dann die Paspel weiter aufstecken und vor dem Annähen heften.

Kopfteil für das Bett

Erwecken Sie ein abgenutztes oder langweiliges Kopfteil an Ihrem Bett mit diesem maßgeschneiderten und frisch anmutenden Überzug zu neuem Leben! Die Anleitung bezieht sich auf ein rechteckiges oder quadratisches Kopfteil mit flacher Vorderseite. Eine kontrastfarbene Paspel verleiht dem Überzug, der zum Waschen leicht abgenommen werden kann, professionellen Schliff. Schrauben Sie die Leisten auf der Rückseite des Kopfteils ab, bevor Sie mit der Arbeit beginnen.

MATERIAL

- Vorhangfutterstoff, 137 cm breit (Menge abhängig von der Größe des Kopfteils)
- Klettverschlussband, 2 cm breit (Menge abhängig von der Größe des Kopfteils)
- 60 cm weicher Dekostoff, blau gestreift, 137 cm breit
- Paspelschnur, ∅ 3 mm (Länge abhängig von der Größe des Kopfteils)
- Weicher Dekostoff, blau-weiß kariert, 137 cm breit (Menge abhängig von der Größe des Kopfteils)
- 240 cm Baumwollband in Weiß, 15 mm breit

ZUSCHNEIDEN

Die Breite (A), Höhe (B) und Dicke (C) des Kopfteils abmessen.

Vorhangfutterstoff:

- 2 Rechtecke, (1/2 A + 6 cm) x (B + 4 cm), für das rechte und linke Rückseitenteil

Dekostoff, blau gestreift:

- 2 Schrägstreifen, 4 cm x (A + 2 x B + 4 cm), für die Paspel (siehe Seite 56)

Dekostoff, blau kariert:

- 1 Rechteck, (A + 3 cm) x (B + 4 cm), für das Vorderteil
- 1 Streifen, 3 cm x C + 3 cm, für den oberen Einsatzstreifen
- 2 Streifen, 4 cm x C + 3 cm, für die seitlichen Einsatzstreifen

1 ▲ Für das rechte Rückseitenteil bei einem der Futter-Rechtecke eine Kante mit Maß B erst 1 cm, dann noch einmal 2 cm breit umbügeln, dann die oberen und unteren Kanten heften. Ein Stück Klettband 6 cm kürzer als Maß B zuschneiden. 2 cm unter der Kante beginnend, einen der beiden Klettbandstreifen auf die linke Seite der umgebügelten Kante stecken.

2 ▲ Für das linke Rückseitenteil eine Kante mit Maß B erst 1 cm, dann 2,5 cm umbügeln. 2 cm unterhalb der Oberkante beginnend, den anderen Teil des Klettverschlussbandes knapp an der eingebügelten Kante auf der rechten Seite aufstecken. Ober- und Unterkante des Bandes heften. Dann beide Klettbandteile dicht an den Längskanten entlang und über die Enden hinweg aufnähen. Beide Hälften mit der rechten Seite nach oben überlappen lassen, um das Klettband zu schließen. Die überlappenden Kanten an der Oberkante zusammenheften.

3 ▶ Aus Paspelschnur und Schrägstreifen 2 Paspeln anfertigen (siehe Seite 60). Die Paspel an Seiten- und Oberkanten von Vorder- und Rückseitenteil heften (siehe Seite 61, „Paspel um eine Ecke führen"), dabei die Enden der Paspeln zur Seite führen, damit sie 4 cm oberhalb der Unterkanten von Vorder- und Rückseitenteil bleiben.

4 ▶ Den oberen Einsatzstreifen zwischen die beiden seitlichen Einsatzstreifen nähen und dann mithilfe eines Paspel- oder Reißverschlussfußes den kompletten Einsatzstreifen zwischen Vorder- und Rückseitenteil nähen (siehe Seite 40). Die Nahtzugaben abgestuft zurückschneiden (siehe Seite 29) und zum Einsatzstreifen hin bügeln. Die Unterkanten erst 1 cm breit und dann 1,5 cm breit zur linken Stoffseite umbügeln und dicht an den inneren Faltkanten absteppen, um den Bezug zu säumen.

5 ◀ Für die Bindebänder 8 Stücke Baumwollband von je 30 cm Länge zuschneiden. Jedes Band 3,5 cm oberhalb der gesäumten Kante annähen (siehe Seite 76), dabei die 4 Bänder für das Rückseitenteil jeweils 11 cm von den Seitenkanten und von den Kanten des Öffnungsschlitzes entfernt annähen (siehe Seite 76). Die übrigen 4 Bänder an den entsprechenden Stellen auf der linken Seite des Vorderteils annähen. Den Bezug über das Kopfteil ziehen, den Klettverschluss schließen und die Bänder unter dem Kopfteil zu Schleifen binden. Die Leisten wieder an die Rückseite des Kopfteils und das Kopfteil ans Bett schrauben.

Nackenrolle

Diese phänomenale Nackenrolle ist mit vier unterschiedlichen, aber harmonierenden Stoffen bezogen und daher ein weiteres großartiges Projekt zur kreativen Verwendung Ihrer Stoffreste. Hübsche Paspelringe rahmen die Enden der Rolle ein und betonen die runde Form. Damit man den Bezug zum Waschen einfach abnehmen kann, hat er einen Reißverschluss.

GRÖSSE
Länge: 45 cm
Durchmesser: 17 cm

MATERIAL
- 60 cm Baumwollstoff, blau-beige gemustert, 112 cm breit
- 60 cm Baumwollstoff, grün getupft, 112 cm breit
- 30 cm Baumwollstoff, mehrfarbig gestreift, 112 cm breit
- 30 cm Baumwollstoff, blau gestreift, 112 cm breit
- 1 Reißverschluss, 40 cm lang
- 120 cm Paspelschnur, ∅ 3 mm
- Schaumstoffrolle, 45 x 17 cm

ZUSCHNEIDEN
Baumwollstoff, blau-beige gemustert:
- 1 Rechteck, 55 x 22 cm, für das mittlere Feld

Baumwollstoff, grün getupft:
- 2 Rechtecke, 55 x 16 cm, für die seitlichen Felder

Baumwollstoff, mehrfarbig gestreift:
- 2 Schrägstreifen, 59 x 4 cm, für die Paspeln

Baumwollstoff, blau gestreift:
- 2 Kreise, ∅ 20 cm

1 ▲ Das Rechteck für das mittlere Feld rechts auf rechts mit einer Nahtzugabe von 1,5 cm entlang der Längsseiten zwischen die beiden äußeren Felder nähen. Die Nahtzugaben auseinanderbügeln. Die Arbeit parallel zu den Schmalseiten so zur Hälfte zusammenlegen, dass die Nähte übereinstimmen. Den Reißverschluss zwischen die Schmalseiten einnähen (siehe Seite 72/73). Den Reißverschluss öffnen.

2 ◀ Aus der Paspelschnur und den Schrägstreifen 2 Paspeln von jeweils 59 cm Länge anfertigen (siehe Seite 60). Die Paspeln rechts auf rechts rund um die Enden des Stoffschlauchs stecken (siehe Seite 61, „Rundungen paspeln und Paspelenden verbinden"). Die Enden des Schlauchs rechts auf rechts an die Stoffkreise stecken (siehe Seite 41, „Einsatzstreifen an einen Kreis nähen", Schritt 2).

3 ◀ Die Kreise mithilfe des Reißverschluss- oder Paspelfußes der Nähmaschine mit 1,5 cm Nahtzugabe an die Enden des Schlauchs an die Stoffkreise heften und nähen (siehe Seite 41, „Einsatzstreifen an einen Kreis nähen", Schritt 3). Die Nahtzugaben abgestuft zurückschneiden (siehe Seite 29). Den Bezug auf rechts wenden, die Schaumstoffrolle hineinschieben und den Reißverschluss schließen.

TIPP: Achten Sie beim Einnähen des Reißverschlusses darauf, nicht versehentlich in die Unterseite des Schlauches einzustechen.

Hotelverschluss

Als Hotelverschluss bezeichnet man eine Verschlussklappe an Vorder- oder Rückseite von Kissen- oder Bettbezügen. Zu einem echten Hingucker wird er, wenn Sie einen kontrastfarbenen Stoff verwenden und einen zusätzlichen Verschluss in Form von Knopflöchern oder Schlaufen anbringen.

HOTELVERSCHLUSS NÄHEN

Die fertige Höhe der Klappe muss mindestens 10,5 cm betragen, damit sie die gesäumte Kante des Vorderteils überlappt. Schneiden Sie 2 Stoffrechtecke in der Höhe der Klappe und der Breite einer fertigen Kissenseite bzw. der fertigen Breite des Bettbezugs plus 1,5 cm Nahtzugabe an allen Seiten zu.

TIPP: Vorder- und Rückseitenteil werden gleich groß zugeschnitten; nur wenn die Klappe besonders hoch werden soll, schneiden Sie das Vorderteil kürzer zu, damit sich das Kissen oder die Bettdecke leichter in den Bezug schieben lässt.

1 ▶ *Wenn die Klappe mit Knopfschlaufen geschlossen werden soll, heften Sie diese Schlaufen jetzt auf die rechte Seite eines Klappenteils. Die beiden Klappenteile mit 1,5 cm Nahtzugabe an einer Längsseite zusammennähen (an der Längsseite mit den aufgehefteten Schlaufen, falls Sie Schlaufen anbringen wollen).*

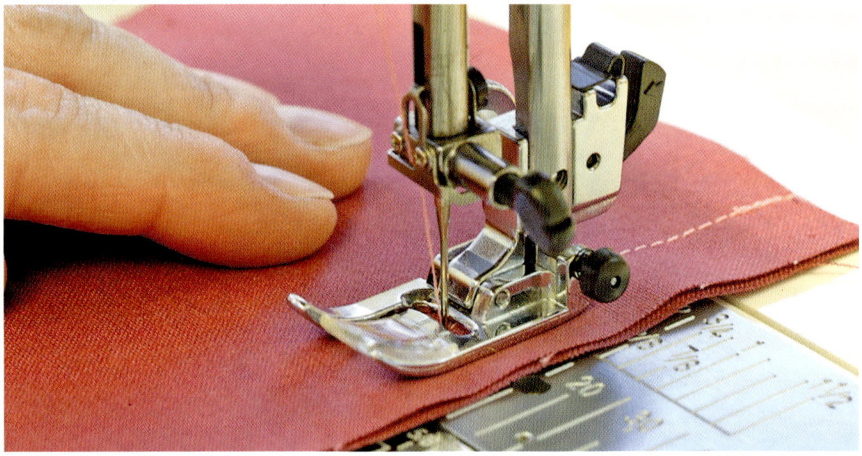

2 ◀ *Die Klappe auf rechts wenden und die offenen Kanten zusammenheften. Falls gewünscht, nun Knopflöcher in die bereits genähte Kante der Klappe einarbeiten.*

3 ▲ Die Klappe rechts auf rechts an eine Kante des Rückseitenteils stecken, sodass die offenen Kanten übereinstimmen.

4 ▲ Beim Vorderteil die Kante, die von der Klappe überdeckt werden soll, erst 1 cm und dann 4 cm breit umbügeln und an der inneren Faltkante knappkantig absteppen, um das Vorderteil zu säumen.

5 ▲ Vorder- und Rückseitenteil rechts auf rechts aufeinanderstecken, sodass die offenen Kanten übereinstimmen und die gesäumte Kante des Vorderteils über der Klappe liegt.

6 ▲ Den Bezug rund um die Außenkanten mit 1,5 cm Nahtzugabe zusammennähen. Die Ecken abschrägen und den Bezug auf rechts wenden, sodass die Klappe über der Vorderseite zu liegen kommt.

Bettbezug mit Hotelverschluss

Bei diesem Bettbezug wird der Verschluss durch die großzügig bemessene Klappe aus einem attraktiven Stoff und die außergewöhnlichen Knöpfe zu einem besonderen Zier-Element. Dies ist nicht zuletzt eine sehr kostengünstige Lösung, denn Sie brauchen nur wenig von einem ganz besonderen Stoff, während der übrige Bezug aus einfachem, preiswertem Renforcé genäht wird.

MATERIAL

Der gemusterte Stoff muss gegebenenfalls so zusammengenäht werden, dass er breit genug für die Klappe ist; dazu muss das Muster rapportgenau angesetzt werden (siehe Seite 23). Kalkulieren Sie dazu etwas mehr Stoff ein.

Für ein Einzelbett (Bettdecke 200 x 140 cm):
- 90 cm Baumwollstoff, grün gemustert, 112 cm breit
- 290 cm Baumwollstoff (Renforcé), cremefarben, 240 cm breit
- 5 silberfarbene Knöpfe, Ø 3 cm

Für ein Doppelbett (Bettdecke 200 x 200 cm):
- 110 cm Baumwollstoff, grün gemustert, 112 cm breit
- 410 cm Baumwollstoff (Renforcé), cremefarben, 240 cm breit
- 7 silberfarbene Knöpfe, Ø 3 cm

ZUSCHNEIDEN

Den gemusterten Stoff mit einer einfachen Naht zusammennähen, damit sich die Klappe daraus zuschneiden lässt. Die Nahtzugaben auseinanderbügeln.

Baumwollstoff, grün gemustert:
Für ein Einzelbett:
- 1 Rechteck, 143 x 42,5 cm, für die Klappe
- Schrägstreifen, 50 x 2,5 cm, für die Knopfschlaufen

Für ein Doppelbett:
- 1 Rechteck, 203 x 43 cm, für die Klappe
- Schrägstreifen, 80 x 2,5 cm, für die Knopfschlaufen

Baumwollstoff (Renforcé), cremefarben:
Für ein Einzelbett:
- 1 Rechteck, 143 x 43 cm, für die Klappe
- 1 Rechteck, 193 x 143 cm, für die Vorderseite
- 1 Rechteck, 203 x 143 cm, für die Rückseite

Für ein Doppelbett:
- 1 Rechteck, 203 x 43 cm, für die Klappe
- 1 Rechteck, 193 x 203 cm, für die Vorderseite
- 1 Quadrat, 203 x 203 cm, für die Rückseite

1 ▼ 5 (Einzelbett) bzw. 7 (Doppelbett) Knopfschlaufen nach der Anleitung auf Seite 80 anfertigen. Von der Mitte der oberen Längsseite des grün gemusterten Klappenteils ausgehend, in 20-cm-Abständen die Positionen für die Knopfschlaufen mit Stecknadeln kennzeichnen. Alle Knopfschlaufen so auf die rechte Seite des Stoffs heften, dass die jeweilige Stecknadel in der Mitte der Schlaufe liegt.

2 ▶ Den Bezug weiternähen, wie auf Seite 68/69 beschrieben, die offenen Kanten mit Zickzackstichen versäubern (siehe Seite 36); erst dann den Bezug auf rechts wenden und glattstreichen. Die Positionen für die Knöpfe unter den Schlaufen auf der Vorderseite mit Stecknadeln markieren. Die Knöpfe auf den Bezug nähen (siehe Seite 81).

TIPP: Nähen Sie Metallknöpfe mit besonders festem Faden an, zum Beispiel mit Knopflochgarn, weil das Metall möglicherweise scharfe Kanten hat und normales Nähgarn zerschneiden könnte.

Reißverschlüsse

Ein Reißverschluss ist ein sauberer, unauffälliger Verschluss für die Rückseite eines Kissens. Er muss vor der Fertigstellung des Kissenbezugs eingenäht werden. Wählen Sie einen Reißverschluss, der 8 cm kürzer ist als die Naht, in die er eingesetzt werden soll. Falls Sie keinen in der richtigen Länge finden, nehmen Sie lieber einen längeren als einen kürzeren. Die Nahtzugabe für Nähte, in die ein Reißverschluss integriert werden soll, beträgt 1,5 cm.

REISSVERSCHLUSS EINSETZEN

__1__ ▶ Den Reißverschluss mittig unter eine der Kanten legen, an die er angenäht werden soll. Markieren Sie die Außenkante des Anfangs- und des Endteils mit einer Stecknadel im Stoff.

__2__ ▲ Die Stoffkanten rechts auf rechts aufeinanderstecken. Beide Enden der Naht mit 1,5 cm Nahtzugabe bis zu den Stecknadelmarkierungen schließen.

__3__ ▲ Die restliche Naht zwischen den bereits gesteppten Nähten mit 1,5 cm Nahtzugabe heften.

4 ◀ Die Nahtzugaben auseinanderbügeln. Auf der linken Seite des Stoffs den Reißverschluss mit der Vorderseite nach unten mittig auf der Naht platzieren, sodass ein Ende der Naht mit der Innenkante des Reißverschluss-Endteils übereinstimmt. Den Reißverschluss heften.

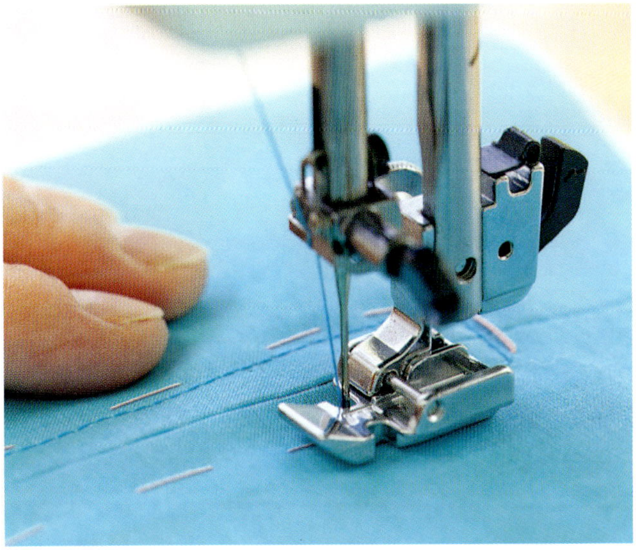

5 ▲ Von der rechten Seite der Arbeit und an einer Seitenkante des Reißverschlusses beginnend, mit dem Reißverschlussfuß der Nähmaschine in einem Abstand von 7,5 mm zu beiden Seiten der Mittelnaht sowie quer über die Enden des Reißverschlusses steppen.

6 ▲ Die Heftfäden entfernen und den Reißverschluss öffnen. Er muss beim Zusammennähen einer Kissenhülle geöffnet sein, sonst lässt sich die Hülle später nicht auf rechts wenden.

Rundes Kissen mit Paspel

Die runde Form dieses hinreißenden Kissens mit Reißverschluss wird durch eine umlaufende Paspel an Vorder- und Rückseite betont. Ein großer, stoffbezogener Knopf zieht das Polster in der Mitte dekorativ zusammen. Er muss vor dem Waschen abgeschnitten werden, lässt sich aber danach ganz einfach wieder annähen.

GRÖSSE

Passend für ein Kissen mit einem Durchmesser von 30 cm und einer Höhe von 5 cm

MATERIAL

- 50 cm Baumwollstoff mit geometrischem Muster in Rosa-Grün, 112 cm breit
- 40 cm Baumwollstoff mit floralem Muster in Rosa, 112 cm breit
- 1 Reißverschluss, 40 cm lang
- 200 cm Paspelschnur, ∅ 3 mm
- Kissenfüllung, rund, ∅ 30 cm, Höhe 5 cm
- 2 Knöpfe zum Überziehen, ∅ 3,8 cm
- Matratzennadel
- Knopflochgarn

ZUSCHNEIDEN

Baumwollstoff mit geometrischem Muster in Rosa-Grün:

- 2 Streifen, 50 x 5,5 cm, für die unteren Einsatzstreifen
- 2 Streifen, 50 x 8 cm, für den oberen Einsatzstreifen
- 2 Schrägstreifen, 100 x 4 cm, für die Paspel (ggf. mehrere Streifen zusammensetzen, siehe Seite 56)

Baumwollstoff mit floralem Muster in Rosa:

- 2 Kreise, ∅ 33 cm, für Vorder- und Rückseite

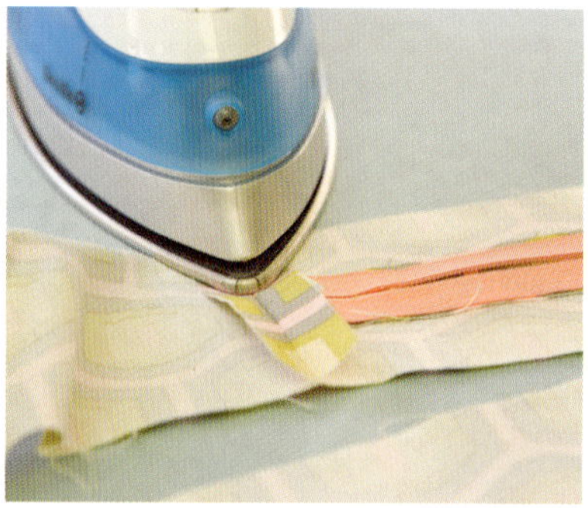

1 ▶ Den Reißverschluss zwischen die Längskanten der unteren Einsatzstreifen einnähen (siehe Seite 72/73). Die unteren und den oberen Einsatzstreifen rechts auf rechts an den Schmalseiten zusammennähen, sodass ein Ring entsteht. Die Nahtzugaben auseinanderbügeln. Aus Paspelschnur und Schrägstreifen 2 Paspeln mit je 100 cm Länge anfertigen (siehe Seite 60). Die Paspeln rundum auf die rechte Seite der Stoffkreise für Vorder- und Rückseite stecken (siehe Seite 61).

2 ▲ Den Stoffring nach Schritt 2 und 3 der Anleitung „Einsatzstreifen an einen Kreis nähen" (Seite 41) mit dem Reißverschlussfuß der Nähmaschine und 1,5 cm Nahtzugabe an den Stoffkreis für die Vorderseite nähen. (Reißverschluss muss offen sein!) Dann den Stoffkreis für die Rückseite an die andere Kante des Stoffrings nähen. Die Nahtzugaben abgestuft zurückschneiden (siehe Seite 29) und an den Rundungen einschneiden. Den Bezug auf rechts wenden. Die Kissenfüllung hineinschieben und den Reißverschluss schließen.

3 ▼ Die beiden Knöpfe mit Resten des geometrisch gemusterten Stoffs beziehen. Die Position der Knöpfe in der Mitte von Vorder- und Rückseite des Kissens mit Stecknadeln markieren. Ein 45 cm langes Stück Knopflochgarn in die Matratzennadel einfädeln, doppelt nehmen und verknoten. Die Nadel durch den Schaft des einen Knopfes und durch die Fadenschlinge führen, den Faden festziehen. Die Nadel an der markierten Stelle in der Mitte der Kissenvorderseite ein- und in der Mitte der Rückseite ausstechen.

4 ▶ Die Nadel abschneiden. Ein Ende des Fadens durch den Schaft des anderen Knopfes führen und um das andere Fadenende schlingen; die Fäden fest anziehen, sodass sich eine Mulde in der Mitte des Kissens bildet. Fadenenden verknoten und unter dem Knopf abschneiden.

TIPP: Statt ein fertig gekauftes Kissen zu verwenden, können Sie die Kissenfüllung auch selbst anfertigen. Arbeiten Sie es wie die Kissenhülle, jedoch ohne Reißverschluss, Paspeln und Knöpfe, und stopfen Sie es mit Kunstfaser-Füllwatte aus (siehe Seite 130/131).

Henkel, Bänder und Stoffschläuche

Für Ihre selbstgenähten Wohnaccessoires werden Sie des Öfteren Henkel oder Bindebänder anfertigen müssen. Über ihre rein praktische Funktion als Verschluss hinaus, können Bänder auch nur zur Zierde angebracht werden. Lesen Sie das Kapitel über Schrägstreifen und -bänder (Seite 56ff.) durch, bevor Sie beginnen.

HENKEL NÄHEN

▶ *Die Längskanten des Stoffstreifens 1 cm breit einschlagen, dann den Streifen der Länge nach zur Hälfte zusammenlegen und bügeln, sodass die eingebügelten Kanten übereinstimmen. Den zusammengelegten Streifen an beiden gebügelten Längsseiten knappkantig absteppen.*

TIPP: Achten Sie darauf, beide Kanten in die gleiche Richtung zu nähen, damit sich der Stoff nicht verzieht.

ENDEN ANNÄHEN

Bringen Sie die Enden eines Henkels oder eines Bindebandes an Ihrem Modell an, indem Sie ein Kreuz aus zwei Diagonalen innerhalb eines Quadrats steppen. Auf diese Weise wird der Henkel oder das Band nicht nur sicher befestigt – die Naht wirkt auch ausgesprochen dekorativ.

1 ▲ *Die Band- oder Henkelenden 1 cm breit zur linken Seite umbügeln. Die Ecken schräg abschneiden.*

2 ▲ *Das Ende des Henkels oder der Bandes ans Modell stecken. Knappkantig an den Außenkanten und quer über den Stoffstreifen steppen, sodass ein Quadrat entsteht. In die Mitte des Quadrats ein Kreuz aus 2 Diagonalen nähen.*

STOFFSCHLAUCH NÄHEN

Einen schmalen Stoffschlauch aus einem Schrägstreifen kann man für Knopf- und Zierschlaufen, aber auch als Bindeband verwenden. Dadurch, dass der Stoff im schrägen Fadenlauf zugeschnitten wird, legt sich der Schlauch gut in Form. Um die erforderliche Stoffbreite für den Schrägstreifen zu errechnen, nehmen Sie die doppelte Endbreite und addieren 2 x 6 mm für die Nahtzugaben. Mehr zum Thema Schrägstreifen lesen Sie auf Seite 56. Für Knopfschlaufen schneiden Sie die Schrägstreifen 2,5 cm breit zu.

1 ▶ *Einen Schrägstreifen der Länge nach rechts auf rechts zur Hälfte falten und mit 6 mm Nahtzugabe zusammennähen. Wenn der Schrägstreifen 2,5 cm breit oder schmaler ist, die Nahtzugaben zurückschneiden.*

2 ▲ *Den Schlauch auf rechts wenden. Dazu eine Durchziehnadel mit einem kurzen Fadenstück am einen Ende des Schlauchs befestigen (siehe Seite 12). Die Nadel durch den Schlauch schieben, sodass sie den Schlauch auf rechts wendet. Alternativ einen Schlauchwender in den Schlauch schieben (siehe Seite 12). Gegebenenfalls ein Dampfbügeleisen mit Dampfstoß über den Schlauch halten, um Fältchen zu glätten. Beim Wenden kann sich der Schlauch dehnen, daher die Länge nachmessen und den Schlauch nötigenfalls auf die gewünschte Länge kürzen.*

3 ▲ *Falls notwendig, das Schlauchende versäubern: Dazu die offenen Kanten nach innen einschlagen und die Öffnung mit Saumstichen schließen (siehe Seite 29).*

Mobiler Türstopper

Vom praktischen Nutzen ganz abgesehen, ist dieser Türstopper aus auffallend gemustertem Stoff ein sehr dekorativer Hingucker. Durch den Griff an der Oberseite lässt er sich leicht dorthin mitnehmen, wo er gebraucht wird. Das notwendige Gewicht hat dieses Exemplar durch eine Reisfüllung bekommen. Sie können stattdessen aber auch Sand oder getrocknete Bohnen verwenden.

GRÖSSE
Höhe: 19,5 cm
Grundfläche: ca. 15 x 15 cm
Fläche der Oberseite:
ca. 11 x 11 cm

MATERIAL
- 30 cm weicher Dekostoff, rot gemustert, 137 cm breit
- 12,5 x 8 cm aufbügelbare Einlage, mittelstark
- 1750 g ungekochter Reis

ZUSCHNEIDEN
Vorlage siehe Seite 139.

Dekostoff, rot gemustert:
- 4 x Seitenteil des Türstoppers (siehe Vorlage)
- 1 Rechteck, 12,5 x 8 cm, für den Griff
- 1 Quadrat, 11 x 11 cm, für die Oberseite
- 1 Quadrat, 15 x 15 cm, für die Grundfläche

TIPP: Wenn Sie unter die Füllung eine Handvoll getrocknete Lavendelblüten mischen, erfüllt ein zarter Duft den Raum.

1 ◀ Die Bügeleinlage auf die Rückseite des Stoffrechtecks für den Griff aufbügeln. Den Griff nach der Anleitung für Henkel auf Seite 76 nähen und mittig auf die rechte Seite des Quadrats für die Oberseite stecken, sodass die offenen Kanten übereinstimmen. Den Griff 6 mm von den offenen Kanten entfernt annähen. Die Seitenwände des Türstoppers mit 1 cm Nahtzugabe entlang der Längskanten zusammennähen und dann an Grundfläche und Oberseite nähen, wie auf Seite 40 beschrieben, dabei eine Naht an der Grundfläche auf 10 cm Länge zum Wenden offen lassen.

2 ▲ Den Türstopper auf rechts wenden. Um die Seitennähte zu betonen, die Arbeit entlang einer Seitennaht links auf links zusammenlegen und 5 mm von der Naht entfernt absteppen, dabei jeweils 5 mm vom oberen und unteren Ende entfernt beginnen und enden. Diesen Vorgang bei den anderen 3 Seitennähten wiederholen. Den Türstopper nach der Anleitung „Plastische Modelle nähen und füllen“ auf Seite 131 mit Reis füllen.

Knopflöcher, Knopfschlaufen und Knöpfe

Für die Platzierung von Knöpfen, die mittels Knopflöchern geschlossen werden sollen, gilt grundsätzlich: Ermitteln Sie den Durchmesser des Knopfes und platzieren Sie die Mitte des Knopfes zwei Drittel des Durchmessers von der fertigen Stoffkante des Projekts entfernt. Die Mitte eines Knopfes mit 2 cm Durchmesser würde demnach 1,5 cm von der fertigen Stoffkante entfernt liegen. Diese Stelle mit einer Stecknadel markieren.

KNOPFLOCH NÄHEN

Die Länge eines Knopfloches sollte dem Durchmesser des Knopfes plus seiner Höhe plus 3 mm entsprechen, damit man die Knopflochenden mit einigen Stichen übernähen kann.

▶ *Für ein horizontales Knopfloch mit spitzem Bleistift oder selbstlöschendem Textilmarker eine Linie in der Länge des Knopflochs aufzeichnen, dabei 3 mm vor der Markierung für die Knopfmitte beginnen. Für ein vertikales Knopfloch eine Linie in der Länge des Knopflochs parallel zur fertigen Stoffkante aufzeichnen, wobei die Markierung für die Knopfmitte in der Mitte der Linie liegt. Das Knopfloch mithilfe des Knopflochfußes Ihrer Nähmaschine auf dieser Linie nähen und mit einer spitzen, scharfen Handarbeitsschere aufschneiden.*

KNOPFSCHLAUFE ANNÄHEN

Die Knopfschlaufe anfertigen, wie auf Seite 77 beschrieben. Wenn Sie Knopfschlaufen für mehrere Knöpfe benötigen, nähen Sie einen langen Stoffschlauch und schneiden ihn in entsprechende Stücke.

◀ *Um die Schlaufengröße zu ermitteln, ein Ende des Stoffschlauchs an der Nählinie feststecken, sodass das offene Ende des Schlauchs mit der Schnittkante der Nahtzugabe übereinstimmt. Einen Knopf so auf den Stoff legen, dass seine Mitte 3 mm von der Nählinie entfernt ist. Den Stoffschlauch dicht um den Knopf legen und an der Nählinie feststecken. Das überstehende Stück Stoffschlauch an der Stoffkante abschneiden. Den Knopf wegnehmen und die Schlaufenenden heften. Die Schlaufe selbst weist dabei zur Stoffmitte.*

KNÖPFE MIT STOFF ÜBERZIEHEN

1 ▲ Gemäß Herstellerangaben für die Knöpfe einen Stoffkreis für die entsprechende Knopfgröße zuschneiden. Eine Runde Vorstiche zum Einreihen knapp innerhalb der Schnittkanten arbeiten. Den Knopf mit der Oberseite nach unten auf die linke Stoffseite legen und den Reihfaden rund um den Schaft des Knopfes zusammenziehen.

2 ▲ Die Enden des Reihfadens verknoten und in den Reihfalten vernähen. Die Reihfalten gleichmäßig verteilen. Die Fixierscheibe auf die Unterseite des Knopfes drücken, um den Stoff festzuhalten.

KNÖPFE ANNÄHEN

Ein Schaft zum Annähen lässt den Knopf auf dem Knopfloch oder der Knopfschlaufe ruhen, ohne dass der Stoff zusammengedrückt wird. Knöpfe mit Löchern hingegen haben eine flache Rückseite, können aber beim Annähen auf einfache Weise mit einem Stiel versehen werden.

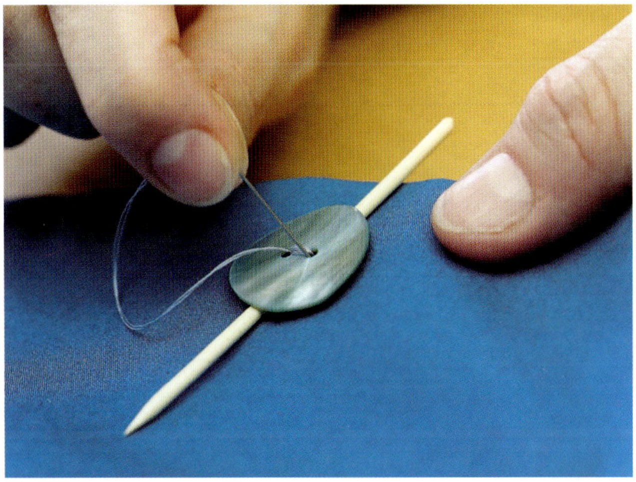

1 ▲ Einen doppelten Faden an der für den Knopf vorgesehenen Stelle fixieren. Durch ein Loch des Knopfes ausstechen und einen Zahnstocher unter den Knopf schieben. Den Knopf mit etwa 6 Stichen wie gewohnt annähen, dabei jedoch stets über den Zahnstocher hinweg ein- und ausstechen.

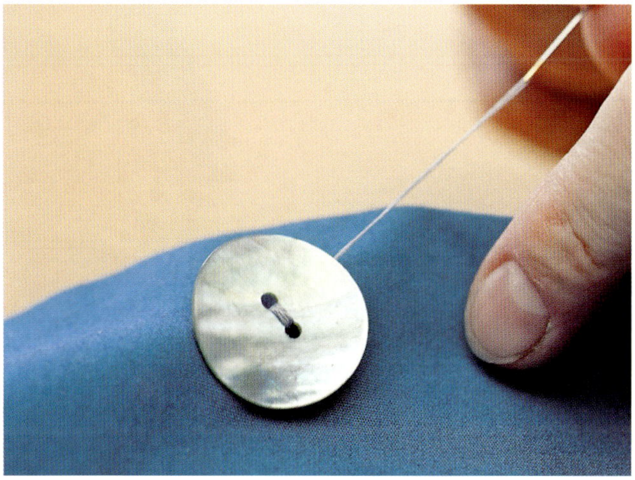

2 ▲ Den Zahnstocher herausziehen und den Knopf vom Stoff wegziehen, sodass die Stiche straffgezogen werden. Den Faden mehrere Male unter dem Knopf um die Stiche wickeln, sodass ein Stiel entsteht. Dann den Faden auf der linken Stoffseite sicher vernähen.

Kissen mit Knopfverschluss

Dieses außergewöhnliche Kissen ist nach der auf Seite 68/69 beschriebenen Technik für Kissen mit Hotelverschluss ganz einfach zu nähen und wird mit Knöpfen geschlossen, die mit passendem Stoff überzogen sind. Der dynamische und doch harmonische Effekt entsteht durch die Verwendung zweier Dekostoffe, die farblich übereinstimmen, sich jedoch in Helligkeit und Muster unterscheiden. Wer mag, kann aber auch mit stärkeren Kontrasten experimentieren.

GRÖSSE
30 x 30 cm

MATERIAL
- 40 cm weicher Dekostoff, cremefarben mit rosafarbenem Muster, 137 cm breit
- 40 cm weicher Dekostoff, rosa gemustert, 137 cm breit
- 3 Knöpfe zum Überziehen, ∅ 29 mm
- Kissenfüllung, 30 x 30 cm

ZUSCHNEIDEN
Dekostoff, cremefarben:
- 2 Rechtecke, 33 x 14 cm, für die Klappe

Dekostoff, rosa:
- 2 Quadrate, 33 x 33 cm, für Vorder- und Rückseite

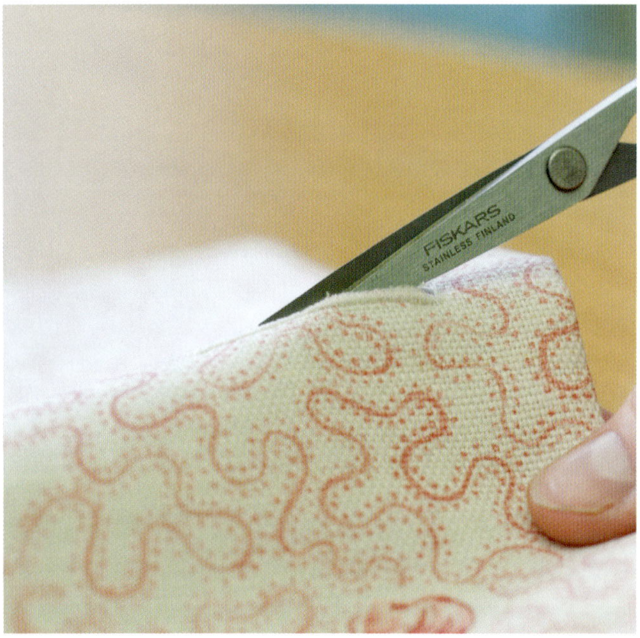

1 ◀ Die Kissenhülle nähen, wie auf Seite 68/69 beschrieben, dabei ein 3,5 cm langes Knopfloch in die Mitte einer Längsseite der Klappe, 2 cm von der gebügelten Kante entfernt, einarbeiten (siehe Seite 80). Jeweils 8 cm links und rechts vom 1. Knopfloch entfernt je ein weiteres Knopfloch nähen.

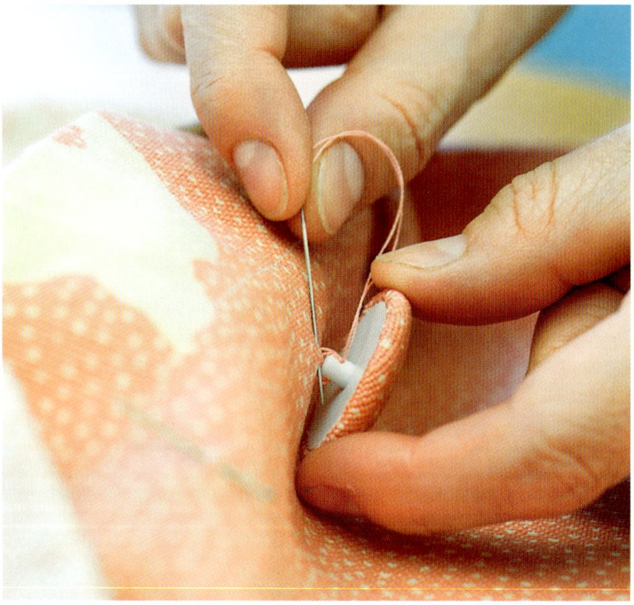

2 ▶ Die Positionen für die Knöpfe unter den Knopflöchern markieren. Die Knöpfe mit rosafarbenem Stoff überziehen, wie auf Seite 81 beschrieben. Die Knöpfe auf die Vorderseite der Kissenhülle nähen. Die Kissenfüllung in die Hülle schieben und die Knöpfe schließen.

Tunnel

Ein Zugbeutel (mit einem Tunnel für das Zugband) kann für alle möglichen Zwecke in vielen verschiedenen Größen genäht werden. Kleine Beutel mit ca. 14 cm Breite eignen sich als schützende Hülle für kostbaren Schmuck oder als Verpackung für ein besonderes Geschenk, während große Beutel genau das Richtige zum Verstauen von Wäsche oder Spielsachen sind.

TUNNEL NÄHEN

Die folgende Anleitung bezieht sich auf einen Beutel mit einem 2 cm breiten Tunnel, über dem sich 2 cm Stoff rüschen, wenn die Zugbänder angezogen werden. 2 Stoffteile für Vorder- und Rückseite in der gewünschten Beutelgröße plus 1,5 cm Nahtzugabe an Seitenkanten und Unterkante und 6,5 cm Überstand an der Oberkante zuschneiden.

__1__ ▶ Die Seiten- und Unterkanten der Stoffteile mit Zickzackstichen versäubern (siehe Seite 36). Dann die Stoffteile rechts auf rechts aufeinanderlegen und mit 1,5 cm Nahtzugabe seitlich und unten zusammennähen, dabei jedoch an den Seitenkanten 2 cm unterhalb der Oberkante ein 8,5 cm langes Stück Naht offenlassen. Die Nahtzugaben auseinanderbügeln.

__2__ ◀ Die Oberkante 1 cm breit zur linken Seite umbügeln. und annähen.

TIPP: Wenn Sie einen kleinen Beutel nähen, tun Sie sich vermutlich leichter, wenn Sie den Anschiebetisch Ihrer Nähmaschine entfernen.

3 ▲ *Die Oberkante 5,5 cm breit nach außen (also zur linken Stoffseite) umbügeln. Den Beutel auf rechts wenden.*

4 ▲ *Von der rechten Seite der Arbeit für den Tunnel im Abstand von 2 cm und von 4 cm zur umgebügelten Kante rundherum steppen.*

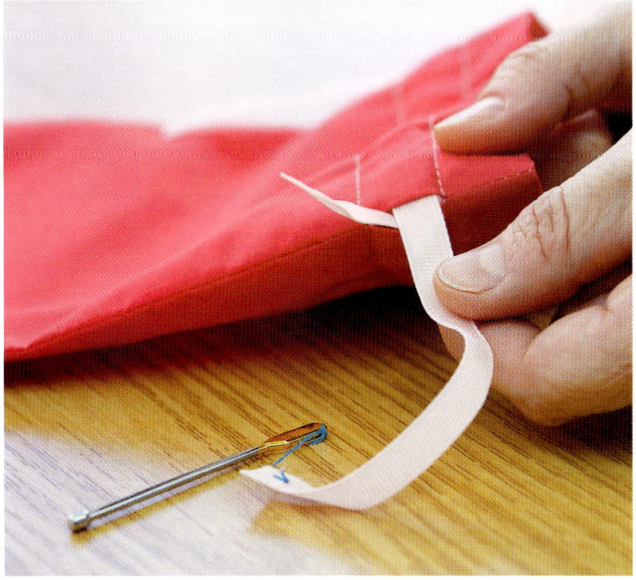

5 ▲ *2 Zugbänder aus Band oder Schnur zuschneiden (Länge = Breite des Beutels x 3). Ein Zugband mit einer Durchziehnadel durch den Tunnel führen; es soll an derselben Öffnung ein- und austreten. Das 2. Zugband von der Öffnung auf der anderen Seite aus einziehen.*

6 ▲ *Die Enden der Zugbänder verknoten.*

Spielzeugbeutel

Dieser witzige Stoffbeutel im maritimen Stil motiviert Ihre Kinder ganz bestimmt, ihre Spielsachen aufzuräumen. Den Sack ziert eine bunte Wimpelgirlande – wieder einmal eine willkommene Gelegenheit zum Aufbrauchen von Stoffresten! – und wird mit einer Zugschnur geschlossen.

GRÖSSE

46,5 x 35 cm

MATERIAL

- 20 cm aufbügelbare Vlieseinlage mittlerer Stärke, 90 cm breit
- 3 Quadrate, 20 x 20 cm, aus Baumwollstoffen in unterschiedlichen Farben und Mustern für die Wimpel (hier: rosa gestreift, orange getupft und grün gemustert)
- 50 cm weicher Dekostoff, hellblau mit weißen Tupfen, 137 cm breit
- 210 cm dicke Paspelschnur
- Klebeband

ZUSCHNEIDEN

Die Vlieseinlage auf die Rückseite der 3 Baumwollstoffe bügeln und nach der Vorlage auf Seite 141 zuschneiden:

- 6 Wimpeldreiecke

Dekostoff, hellblau mit weißen Tupfen:

- 2 Rechtecke, 38 x 16 cm, für den unteren Streifen
- 2 Rechtecke, 40 x 38 cm, für den oberen Teil des Beutels

1 ▲ Die beiden schmaleren Rechtecke aus hellblauem Stoff mit der rechten Seite nach oben hinlegen und die Wimpeldreiecke ebenfalls mit der rechten Seite nach oben in einer Reihe aufstecken, sodass die kurzen, geraden Kanten der Wimpel und die Längskante des hellblauen Stoffs übereinstimmen, die Wimpel an den Schmalseiten aneinanderstoßen und die äußeren oberen Ecken der Wimpelgirlande jeweils 1,5 cm von den Schmalseiten des Stoffrechtecks entfernt sind. Die Wimpel auf den Stoff heften.

2 ▲ Die geheftete Kante eines Unterteils passgenau rechts auf rechts mit 1,5 cm Nahtzugabe an die Schmalseite eines Oberteils legen. Die Nahtzugaben mit Zickzackstichen versäubern (siehe Seite 36), in Richtung Oberteil bügeln und 7,5 cm oberhalb der Verbindungsnaht absteppen. Den Beutel zusammennähen und an der Oberkante einen Tunnel arbeiten (siehe Schritt 1–4 auf Seite 84/85).

3 ▶ Damit die Paspelschnur sich nicht auflöst, Klebeband um die Mitte und um die Enden der Schnur wickeln, dann die Schnur halbieren. Die Schnur in den Tunnel einziehen, wie unter Schritt 5 und 6 auf Seite 85 beschrieben. Die Enden der Schnur verknoten. Dann die Klebebänder entfernen und die Schnurenden bis zu den Knoten ausfransen. Die ausgefransten Fasern mit Wasser anfeuchten, damit sie sich nicht mehr kringeln, und die Enden gleichmäßig zurückschneiden.

Blenden

Eine breite Blende aus kontrastierendem Stoff mit sauber gearbeiteten Briefecken bildet den perfekten Rahmen für einen Tischläufer, eine Decke oder ein Tischset und verleiht Ihrem Werk eine besondere Note. Durch eine solche Blende lässt sich ein Modell außerdem auf pfiffige Weise vergrößern und interessanter gestalten.

SCHNITTMUSTER FÜR DIE BLENDE

1 ▶ *Für das Schnittmuster zunächst ein Quadrat oder Rechteck in der gewünschten Endgröße Ihres Modells aufzeichnen. Verwenden Sie dazu ein Geodreieck, damit die Ecken saubere rechte Winkel bilden. Die Blende innerhalb der Außenkanten aufzeichnen. Jeweils eine Linie von den inneren zu den äußeren Ecken der Blende zeichnen. Das innere Quadrat oder Rechteck auf Transparent- oder Butterbrotpapier übertragen und an allen Kanten 1 cm Nahtzugabe dazugeben: Dies ist das Schnittmuster für das mittlere Feld.*

TIPP: Ein Schnittmuster für einen langen Tischläufer können Sie auf eine breite Rolle Butterbrotpapier zeichnen.

2 ◀ *Wenn Sie ein quadratisches Modell arbeiten wollen, zeichnen Sie eine Blende auf Transparent- oder Butterbrotpapier; bei einem rechteckigen Modell zeichnen Sie zwei benachbarte Blendenseiten. Rechnen Sie an jeder schrägen Kante und an jeder Innenkante der Blende 1 cm Nahtzugabe hinzu. Die lange Außenkante liegt am Stoffbruch an. Den Fadenlauf parallel zu den geraden Kanten einzeichnen. Die Schnittmuster ausschneiden.*

BLENDE ANNÄHEN

1 ▲ Mithilfe des Schnittmusters das mittlere Feld zuschneiden. Für ein quadratisches Modell 4 x das Teil für die Blende zuschneiden; für ein rechteckiges Modell je 2 Blendenteile für die Längsseiten und 2 Blendenteile für die Schmalseiten zuschneiden. Die Stoffblenden aufklappen und flach ausbreiten: Sie haben an jedem Ende eine Spitze. Die Nahtzugabe an einer Längsseite jedes Blendenteils umbügeln.

2 ▲ Die Blendenteile jeweils entlang eines spitzen Endes paarweise rechts auf rechts aufeinanderstecken, sodass die offenen Kanten übereinstimmen. Bei einem rechteckigen Projekt jeweils ein langes Teil an ein kurzes Teil stecken. 1 cm von der offenen Längskante entfernt und mit 1 cm Nahtzugabe das spitze Ende nähen. Die Ecken der Nahtzugaben abschneiden und die Nahtzugaben auseinanderbügeln. Die Enden der Blende zusammennahen, sodass ein Rahmen entsteht.

3 ◀ Die linke Seite des Mittelfeldes auf die rechte Seite der Blende legen und die offenen Längskanten der Blende an das Quadrat oder Rechteck stecken, mit 1 cm Nahtzugabe annähen und die Naht um die Ecken führen.

Die Nahtzugaben in Richtung Blende bügeln. Die umgebügelten Kanten entlang der Naht aufstecken, dann die Blende zur Hälfte umbügeln, sodass die Außenkante entsteht. Den inneren Rand knappkantig absteppen.

Tischläufer mit Blende

Peppen Sie Ihren Esstisch mit diesem eleganten Läufer auf. Wenn sie sorgfältig zugeschnitten wird, ist die Blende mit Briefecken leicht zu nähen und sieht ebenso edel wie professionell aus. Der hier gezeigte Tischläufer ist 120 x 28 cm groß und hat eine 7 cm breite Blende, kann aber in jeder beliebigen Größe genäht werden – passgenau für Ihren Esstisch.

MATERIAL

- 130 cm Baumwollstoff, weiß mit grün-rosa Muster, 112 cm breit
- 30 cm Baumwollstoff, olivgrün mit Lochstickerei, 112 cm breit
- 130 cm aufbügelbare Vlieseinlage mittlerer Stärke, 90 cm breit

ZUSCHNEIDEN

Nach der Anleitung auf Seite 88 ein Schnittmuster für den Tischläufer anfertigen.

Baumwollstoff, weiß mit grün-rosa Muster, und aufbügelbare Vlieseinlage, jeweils:

- 2 Blendenteile für die Längsseiten
- 2 Blendenteile für die Schmalseiten

Baumwollstoff, olivgrün mit Lochstickerei:

- 1 Rechteck, 108 x 26 cm, für das Mittelfeld

1 ◄ Die Vlieseinlage auf die Rückseite der gemusterten Blendenteile aufbügeln.

2 ▼ Den Tischläufer fertigstellen, wie auf Seite 88/89 beschrieben.

Bogenkanten

Die Bogenkante ist eine klassische Form, die oft in der Wohndekoration auftaucht: Ob als Umrandung von Tischdecken oder dem Querbehang von Gardinen – sie sieht immer effektvoll aus. Schneiden Sie einen Halbkreis oder einen Kreis aus dünnem Karton als Schablone für die Bögen aus, die Sie immer und immer wieder verwenden können.

OBERKANTE MIT BÖGEN

Eine Oberkante mit ausgeschnittenen Bögen eignet sich für traditionelle Gardinen im Kaffeehaus-Stil. Die Oberkante des Stoffs wird als Beleg umgefaltet, und die Bogen werden durch beide Lagen hindurch gearbeitet. Die folgende Anleitung bezieht sich auf einen Bogendurchmesser von 10 cm, eine beliebte Größe. Geben Sie an der Oberkante für den Beleg für Bögen mit 10 cm Durchmesser 10 cm an Höhe zu und nehmen Sie die gewünschte fertige Breite für eine Kaffeehausgardine eineinhalbmal; gegebenenfalls nähen Sie die Stoffbahnen für die erforderliche Breite mit Kappnähten zusammen, wie auf Seite 29 beschrieben. Bevor Sie die Bogenkante arbeiten, säumen Sie alle Kanten der Gardine (siehe Seite 46).

1 ◀ Die Oberkante 5 mm breit zur linken Stoffseite umbügeln und steppen, um den Beleg zu säumen. Den Beleg 9,5 cm breit zur rechten Stoffseite umschlagen. Die Mitte der Oberkante mit einer Stecknadel am Stoffbruch markieren. Einen Halbkreis aus Karton mit 10 cm Durchmesser als Schablone 1 cm von der Mittelnadel entfernt auflegen (gerade Kante am Stoffbruch). Die Kanten der Schablone mit Stecknadeln am Stoffbruch markieren. Die Schablone an der Faltkante des Belegs weiter verschieben, dabei jeweils 2 cm Abstand zwischen den Bögen lassen und wie zuvor die Kanten mit Stecknadeln markieren. Den letzten Bogen ca. 2 cm innerhalb des seitlichen Saums platzieren und gegebenenfalls den Abstand zwischen den Bögen anpassen.

2 ▲ Die Schablone wieder an der 1. Position anlegen und mit einem selbstlöschenden Textilmarker umfahren. Alle Bögen an den markierten Stellen aufzeichnen. Auf der anderen Hälfte des Belegs die Bögen genauso aufzeichnen. Entlang der aufgezeichneten Linien nähen.

3 ▲ Die Bögen bis auf eine 6 mm breite Nahtzugabe ausschneiden. Die Ecken ab- und die Rundungen einschneiden. Die Arbeit auf rechts wenden und bügeln. Die gesäumten Seitenkanten des Belegs und des Vorhangs mit Saumstichen verbinden (siehe Seite 25).

BOGENKANTE NÄHEN

Mit einer dekorativen Bogenkante können Sie beispielsweise eine Decke, ein Tischset oder eine Serviette umranden. Die Kante kann aus einer doppelten Lage des Stoffs bestehen, der zu Bögen genäht und ausgeschnitten wird, oder aber als einzelne Lage mit dichten Zickzackstichen umnäht werden, etwa um eine Serviette zu konturieren. Die Zickzacknaht kann durch ausreißbares Stickvlies verstärkt werden (siehe Seite 17).

Zeichnen Sie Ihr Projekt auf ein Blatt Papier. Dann teilen Sie die Kante, die verziert werden soll, in gleich große Abschnitte, die dem Durchmesser der einzelnen Bögen entsprechen. Wenn die Bögen sich rundherum fortsetzen sollen, schneiden Sie einen Kreis mit dem gewünschten Durchmesser aus Karton zu und unterteilen ihn in 4 Sektoren. Wenn nur eine einzelne Kante verziert werden soll, brauchen Sie einen Halbkreis mit dem entsprechenden Durchmesser.

1 ◀ Die Kreisschablone an einer Ecke anlegen, sodass die Teilungslinien für die Viertelkreise mit der Kontur des Projektes übereinstimmen. Die äußeren drei Viertel des Kreises mit dem Stift umfahren. Bei den übrigen 3 Ecken genauso verfahren. Dann die Schablone entlang der Kontur anlegen und die äußere Kante umfahren.

2 ▲ Die gerade Kante der Halbkreisschablone auf die Kontur legen und den Halbkreis mit dem Stift umfahren. Die Schablone entlang der Kontur weiterverschieben und jeweils um die äußere Rundung zeichnen. Das Schnittmuster ausschneiden.

3 ▲ Für ein im Geradstich genähtes Modell, das später auf rechts gewendet werden soll, 2 Stofflagen rechts auf rechts aufeinanderlegen. Das Schnittmuster auflegen und mit selbstlöschendem Textilmarker umfahren. An der Außenkontur entlangnähen, dabei gegebenenfalls eine Wendeöffnung in der Naht lassen. Die Nahtzugaben an den Bögen auf 6 mm zurückschneiden, wenn das Modell gewendet werden soll, die Ecken abschneiden und die Rundungen einschneiden, dann die Arbeit auf rechts wenden.

HINWEIS: Für eine Verarbeitung im Zickzackstich nur eine Stofflage verwenden. Wie Sie die Bogenkante mit Zickzackstichen umranden, lesen Sie auf Seite 36/37.

Kaffeehausgardine

Die stets beliebte Kaffeehausgardine ist ein hübscher Schmuck für ein Küchenfenster und verleiht einem Raum sofort Atmosphäre. Sie hat den Vorteil, die Privatsphäre zu schützen, während man doch gleichzeitig nach draußen schauen kann. Bringen Sie zwischen den Bögen Clips mit Gardinenringen zum Aufhängen des Vorhangs an. Wie Sie nötigenfalls Stoffe mit Kappnähten auf die gewünschte Breite zusammennähen können, lesen Sie auf Seite 29.

MATERIAL

- Baumwollstoff mit rosa-wasserblauem Muster, 112 cm breit (Menge abhängig von der gewünschten Vorhanggröße)
- Halbkreis aus Karton, ∅ 10 cm
- Gardinenringe mit Clips oder zum Annähen (Menge abhängig von der gewünschten Vorhanggröße)

ZUSCHNEIDEN

Einen Gardinenring mit Clip oder einen Gardinenring zum Annähen auf die Vorhangstange schieben. Die gewünschte Vorhanglänge vom oberen Ende der Clip-Öffnung oder von der Unterkante eines Rings zum Annähen aus bis zur Fensterbank messen. Die Länge der Vorhangstange ausmessen.

Baumwollstoff mit rosa-wasserblauem Muster:

- (1 x die Vorhanghöhe plus 10 cm Beleg + 10 cm für den Saum) x 1,5 plus 5 cm für die seitlichen Säume

1 ◀ Die Seitenkanten erst 1 cm und dann 1,5 cm breit umbügeln und diese Säume knappkantig absteppen oder von Hand mit Saumstichen annähen (siehe Seite 25). Den Vorhang nach der Anleitung auf Seite 92 („Oberkante mit Bögen") und auf Seite 47 („Vorhangsaum") weiternähen.

2 ▶ Je einen Clip eines Gardinenrings zwischen den Bögen an der Oberkante des Vorhangs anbringen. Die Ringe über die Vorhangstange schieben.

Bänder, Borten und Fransen

Bänder können nur in geraden Linien aufgenäht werden, außer man reiht sie ein, um sie für Rundungen zu verwenden. Die meisten Webborten sowie Zackenlitze können hingegen sowohl in leichten Kurven als auch gerade appliziert werden. Um Bänder und Borten in einer geraden Linie anzunähen, zeichnet man entweder eine Linie mit einem selbstlöschenden Textilmarker vor oder steckt Band oder Borte an einem Lineal entlang auf. Zackenlitze wird entlang der Mitte aufgenäht.

BAND AUFNÄHEN

▶ *Das Band auf den Stoff stecken. Dicht an einer Kante des Bandes entlangnähen, dann die andere Kante genauso aufnähen. Immer beide Kanten des Bandes in derselben Richtung aufsteppen, ansonsten verzieht sich das Band und wirft Falten.*

BAND UM DIE ECKE FÜHREN

1 ◀ *1 cm nach einer Ecke beginnen, das Band in einer geraden Linie aufzustecken, die eine Kante eines Quadrats oder Rechtecks bildet. 1 cm vom Anfang des Bandes entfernt die Außenkante des Bandes bis zur nächsten Ecke aufnähen. Am Ende der Naht das Band rechts auf rechts zurückfalten.*

2 ▲ Das Band anheben und diagonal an der Ecke falten, dann entlang der nächsten Seite aufstecken. Die Briefecke heften. An der nächsten Ecke genauso verfahren und das Band auf diese Weise weiter aufstecken, bis Sie die 1. Ecke wieder erreichen.

3 ▲ Das Band an der 1. Ecke diagonal unterfalten. Dicht an der Innenkante des Bandes entlang rundum nähen, dann das überstehende Ende an der gefalteten Kante abschneiden. Die Ecke heften. Das Band dicht an den verbleibenden Außenkanten entlang feststeppen.

FRANSEN

Ein locker gewebter Stoff eignet sich am besten zum Ausfransen. Webstreifen sind sehr effektvoll, weil benachbarte Kanten sich dann voneinander und vom Hauptteil des Stoffes stark unterschieden.

▲ Den Stoff sorgfältig im Fadenlauf zuschneiden. Mit einer langen Nadel die Fäden aus einer Kante herausziehen. Damit es kein Kuddelmuddel gibt, immer nur einen Faden auf einmal aus dem Gewebe lösen.

FRANSEN VERKNOTEN

Zum Verknoten müssen die Fransen mindestens 7,5 cm lang sein. Die Fransenkante kann nach dem Verknoten mit der Schere gleichmäßig auf die gewünschte Länge zurückgeschnitten werden.

▲ Nach dem Ausfransen die Stoffkante in gleich große Abschnitte – beispielsweise von 2 cm – unterteilen und jeden Abschnitt mit einer Stecknadel markieren. Jedes Fransenbündel direkt neben der Stoffkante verknoten.

Decke mit Wellenmuster

Verleihen Sie einer klassischen Chenilledecke eine unaufdringliche dekorative Note, indem Sie dickes Stick- oder Strickgarn mit dem Zickzackstich Ihrer Nähmaschine in Anlegetechnik aufnähen. Auf diese einfache Weise kann man schnell einen farbigen Akzent setzen – auf einer selbstgenähten oder fertig gekauften Decke.

GRÖSSE
128 x 114 cm

MATERIAL
- 130 cm Chenillestoff, cremefarben, 150 cm breit, oder eine fertig gekaufte Chenilledecke, 150 cm breit
- 1 Strang oder Knäuel dickes Stick- oder Strickgarn (mindestens 9 m), türkis meliert

ZUSCHNEIDEN
Chenillestoff, cremefarben:
- 1 Rechteck, 150 x 120 cm, für die Decke

1 ▲ Die Nähmaschine auf einen 3 mm langen und 3 mm breiten Zickzackstich einstellen. Nähgarn passend zum Stickgarn als Oberfaden und passend zum Stoff als Unterfaden verwenden. Das Stickgarn auf der rechten Seite der Decke mindestens 17 cm von der Schmalseite entfernt und parallel dazu den Stick- oder Strickfaden auf dem Stoff arrangieren. Den Stickfaden mit einigen Rückstichen an einer Längskante sichern und mit Zickzackstichen über den Faden nähen, der mittig unter den Stichen geführt wird. Das Stickgarn während des Zickzacknähens in leichte Kurven legen, sodass eine Wellenlinie entsteht. Den überstehenden Anlegefaden genau an der Längskante der Decke abschneiden und mit einigen Rückstichen sichern. Auf diese Weise insgesamt 3 Wellenlinien im Abstand von ca. 3 cm zueinander an beiden Schmalseiten der Decke aufnähen.

2 ▶ Die Schmalseite auf einer Höhe von 11 cm ausfransen (siehe Seite 97). Die Längsseiten 1,5 cm breit säumen (siehe Seite 46) und knapp an den inneren eingebügelten Kanten absteppen. Dann die Fransen an beiden Schmalseiten verknoten, wie auf Seite 97 beschrieben.

Überlaken mit Banddekor

Die Oberkante eines Überlakens ist oft auf dem Bett sichtbar – da lohnt es sich, sie mit einigen Bändern passend zur Einrichtung des Schlafzimmers zu dekorieren. Das ist eine ganz einfache Sache, die aber einen Touch von hochklassigem Design in den Raum bringt. Wenn's ganz schnell gehen soll, können Sie die Bänder auf ein fertiges Laken nähen.

GRÖSSE
Einzelbett: 262 x 173 cm
Doppelbett: 262 x 223 cm

MATERIAL
Für ein Einzelbett:
- 280 cm Baumwollstoff (Renforcé) in Flieder, 240 cm breit
- 190 cm Band, violett-schwarz kariert, 1 cm breit
- 190 cm Taftband, weinrot, 2,5 cm breit

Für ein Doppelbett:
- 280 cm Baumwollstoff (Renforcé) in Flieder, 240 cm breit
- 240 cm Band, violett-schwarz kariert, 1 cm breit
- 240 cm Taftband, weinrot, 2,5 cm breit

ZUSCHNEIDEN
Renforcé in Flieder:
- 1 Rechteck, 272 x 185 cm, für ein Einzelbett oder
- 1 Rechteck, 272 x 235 cm, für ein Doppelbett

1 ▲ Das violett-schwarze Karoband nach der auf Seite 96 beschriebenen Technik 12 cm unterhalb der oberen Schmalseite auf die rechte Seite des Stoffs stecken und nähen. 2,5 cm weiter unten das weinrote Taftband aufstecken und aufnähen.

2 ◄ Die Längskanten des Lakenstoffs erst 1 cm und dann 1,5 cm breit zur linken Stoffseite umbügeln und an der inneren Faltkante knappkantig absteppen. Ober- und Unterkante 1 cm breit umbügeln. Die Ecken öffnen und diagonal umbügeln.

3 ◀ Ober- und Unterkante noch einmal 5 cm breit zur linken Stoffseite umschlagen und nahe den inneren eingebügelten Faltkanten absteppen.

TIPP: Auf ein fertiges Überlaken nähen Sie die Bänder gemäß Schritt 1 auf und schlagen die Bandenden am Beginn und am Ende nach innen ein.

Untersetzer mit Fransenkante

Traditionelle Geschirrtücher sind oft in Streifenmustern mit wundervollen Farbkombinationen gewebt, und sie eignen sich perfekt zum Ausfransen: Genau das Richtige also für bunte Untersetzer. Dies ist ein schönes Projekt für Neulinge auf dem Gebiet des Nähens für zu Hause und für all jene, die bislang die Zickzackfunktion ihrer Nähmaschine noch nicht ausprobiert haben. Achten Sie darauf, den Stoff genau im Fadenlauf zuzuschneiden.

MATERIAL

- Geschirrtuch, in Streifen gewebt, 1 Quadrat, 30 x 30 cm (für 4 Untersetzer)

ZUSCHNEIDEN

- Für jeden Untersetzer ein Quadrat von 12 x 12 cm zuschneiden.

1 ▲ Die Nähmaschine auf einen 3 mm breiten und 1 mm langen Zickzackstich einstellen. Mit einem Lineal und einem spitzen Bleistift oder einem selbstlöschenden Textilmarker ein Quadrat mit 1,5 cm Abstand zu den Schnittkanten auf den Stoff zeichnen. Ein Stück Ober- und Unterfaden hängen lassen und die vorgezeichnete Linie im Zickzackstich übernähen. An der Ecke die Nadel an der Außenkante der Zickzacknaht stecken lassen und das Nähfüßchen anheben. Den Untersetzer so drehen, dass das Nähfüßchen in die Richtung der nächsten vorgezeichneten Linie zeigt.

2 ▶ Weiter alle Seiten des vorgezeichneten Quadrats übernähen. Beginn und Ende der Zickzacknaht sichern, wie auf Seite 37 unter Schritt 3 beschrieben. Die Kanten des Untersetzers bis zur Zickzacknaht ausfransen (siehe Seite 97).

Rüschen

Eine Rüsche ist ein eingereihter Stoffstreifen, der gern an Kissenhüllen oder Vorhänge angesetzt wird. Er kann als Doppelrüsche entlang der Mitte auf den Hauptstoff genäht oder als einzelne Rüsche entlang der Nahtzugabe angebracht werden. Auch aus Bändern lassen sich Rüschen nähen, die nicht einmal gesäumt werden müssen. Den Stoff für die Rüsche schneidet man normalerweise in der doppelten Länge des Teils zu, an das sie angenäht werden soll. Lediglich bei sehr duftigen Stoffen wie Voile, Chiffon oder Musselin sollte der Streifen zweieinhalbmal so lang sein. Wie Sie Stoffe zu einem längeren Streifen für die Rüsche zusammensetzen, lesen Sie auf Seite 29.

EINFACHE RÜSCHE

1 ▶ Den Stoff für die Rüsche auf die gewünschte Breite plus 2 cm für Saum und Nahtzugabe zuschneiden. Eine Längskante 2 x 5 mm umbügeln und absteppen, um die Rüsche zu säumen. Falls nötig, auch die Schmalseiten des Stoffstreifens säumen. Den Saum bügeln. Die offene Kante des Rüschenstreifens und die Kante des Hauptstoffs in Viertel unterteilen und die Begrenzung der Viertel mit jeweils einer im rechten Winkel zu den offenen Kanten platzierten Stecknadel markieren. Mit kontrastfarbenem Garn und dem längsten Geradstich Ihrer Nähmaschine 5 mm von der offenen Kante entfernt nähen (= Reihfaden). Anfang und Ende der Fäden nicht durch Rückstiche sichern, sondern frei hängen lassen.

2 ▶ Die Rüsche rechts auf rechts so auf den Hauptstoff stecken, dass die offenen Kanten, die Viertelmarkierungen und die Enden der Rüsche mit den entsprechenden Stellen des Hauptstoffs übereinstimmen. Den Reihfaden anziehen, um die Rüsche einzureihen, und die Fältchen gleichmäßig über die ganze Länge verteilen. Die Rüsche feststecken oder heften.

DOPPELRÜSCHE

1 ▶ *Den Stoff für die Rüsche auf die gewünschte Breite plus 2 cm für die Säume zuschneiden. Beide Längskanten jeweils 2 x 5 mm umbügeln und absteppen, um die Rüsche zu säumen. Die Säume bügeln. Den Rüschenstreifen der Länge nach rechts auf rechts zur Hälfte falten und den Falz leicht einbügeln. Den Streifen wieder aufklappen, quer zu Vierteln falten und jedes Viertel mit einer Stecknadel im rechten Winkel zur mittleren Faltlinie auf der rechten Stoffseite markieren. Mit kontrastfarbenem Faden und dem längsten Geradstich Ihrer Nähmaschine 3 mm von der mittleren Faltlinie entfernt nähen, dabei an den Nahtzugaben beginnen und enden, vorsichtig über die Stecknadeln nähen und die Fadenenden frei hängen lassen.*

2 ▲ *Mit einem wasserlöslichen oder selbstlöschenden Textilmarker oder einem scharfkantigen Stück Schneiderkreide und einem Lineal eine Linie dort auf die rechte Seite des Hintergrundstoffes zeichnen, wo die Mitte der Rüsche angebracht werden soll. Die Linie in Viertel unterteilen und die Viertel mit Textilmarker oder Schneiderkreide markieren.*

3 ▲ *Die Rüsche rechts auf rechts so auf den Hintergrundstoff stecken, dass die Faltlinie der Rüsche auf die vorgezeichnete Linie des Hauptstoffs trifft. Die Viertelabschnitte und die Enden der Rüsche an die offenen Kanten des Hintergrundstoffs anpassen. Die Enden des oberen Reihfadens anziehen, dabei die Fältchen gleichmäßig über die Länge verteilen, jedoch die Nahtzugaben an den Rüschenenden nicht einreihen. Die Rüsche feststecken oder heften.*

4 ▲ *Die Nähmaschine auf einen normalen Geradstich einstellen. Die Rüsche mit farblich passendem Nähgarn entlang der Rüschenmitte annähen. Den Reihfaden und eventuelle Heftfäden entfernen.*

Rüschenkissen

Dieses prachtvolle Kissen bringt ein wenig Drama und Dekadenz in ein Wohn- oder Schlafzimmer. Die breite Rüsche über die ganze Vorderseite ist in der Doppelrüschentechnik ganz einfach zu nähen. Wer's bunter liebt, arbeitet die Rüsche aus kontrastfarbenem Stoff.

GRÖSSE
45 x 35 cm

MATERIAL
- 70 cm weicher Baumwoll-Dekostoff in Grün, 137 cm breit
- 1 Reißverschluss, 40 cm lang
- Kissenfüllung, 45 x 35 cm

ZUSCHNEIDEN
Baumwoll-Dekostoff in Grün:
- 1 Streifen, 96 x 20 cm, für die Rüsche
- 1 Rechteck, 48 x 38 cm, für die Vorderseite
- 2 Rechtecke, 48 x 20,5 cm, für die Rückseite

1 ◀ Mit wasserlöslichem oder selbstlöschendem Textilmarker oder mit einem scharfkantigen Stück Schneiderkreide eine Linie entlang der Mitte des Vorderteils parallel zu den Längsseiten zeichnen. Nach der Anleitung für die Doppelrüsche (Seite 105) die Rüsche anfertigen und auf die Vorderseite nähen. Die Rüschenenden passgenau an die offenen Kanten der Schmalseiten heften.

2 ▶ Die beiden Rückseitenteile rechts auf rechts so aufeinanderlegen, dass die offenen Kanten übereinstimmen. Den Reißverschluss zwischen zwei Längsseiten einnähen (siehe Seite 72/73), sodass er in der rückwärtigen Mitte der Kissenhülle sitzt. Vorder- und Rückseitenteil rechts auf rechts aufeinanderlegen und entlang der Außenkanten mit 1,5 cm Nahtzugabe zusammennähen. Die Ecken abschneiden und die Kissenhülle auf rechts wenden. Die Kissenfüllung hineinschieben und den Reißverschluss schließen.

Falten

Man kann einem textilen Projekt mehr Fülle verleihen, indem man den Stoff in Falten legt. Bei einfachen Falten weisen alle Stoffbrüche in eine Richtung, während bei Kellerfalten zwei Stoffbrüche einander in der Mitte treffen. Eine Quetschfalte wird genauso wie eine Kellerfalte gearbeitet, jedoch auf der anderen Seite des Stoffs. Am besten gelingen Falten im geraden Fadenlauf.

EINFACHE FALTE

Geben Sie beim Anfertigen des Schnittmusters und beim Zuschneiden für jede Falte die doppelte Faltentiefe an Stoff zu. Für eine 2,5 cm tiefe Falte addieren Sie demnach 5 cm an Stoff.

1 ▶ *Wenn die Falte lose und ohne Fixierungsstiche sein soll, säumen Sie den Stoff zuerst. Den Stoff an der Position der Falte zusammenlegen und bügeln.*

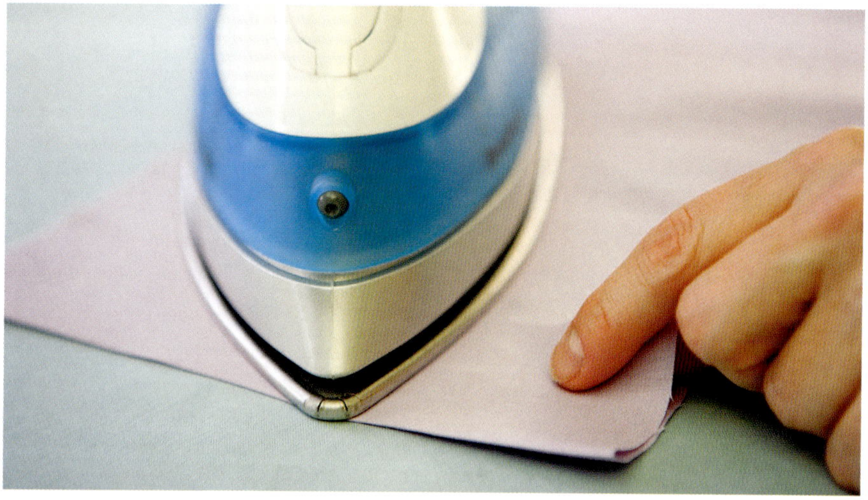

2 ▲ *Für eine lose Falte eine Stecknadel auf Höhe der gebügelten Kante einstechen, um die Faltentiefe zu markieren. Die gebügelte Kante in die gewünschte Richtung legen und entlang der Oberkante heften.*

3 ▲ *Für eine abgesteppte Falte die gebügelte Kante an der Markierung auf der Stichplatte der Nähmaschine anlegen, die der gewünschten Faltentiefe entspricht. Die Falte absteppen, dabei die gebügelte Kante an der Markierung auf der Stichplatte entlangführen. Den Stoff flach auf dem Bügelbrett ausbreiten und die Falte in die gewünschte Richtung bügeln.*

KELLERFALTE

Arbeiten Sie Kellerfalten zum Beispiel an der Ecke von Sitzbezügen und Bettvolants. Geben Sie beim Anfertigen von Schnittmustern und beim Zuschneiden jeweils viermal die erforderliche Faltentiefe an Stoff zu. Für eine Kellerfalte aus zwei jeweils 2,5 cm tiefen Falten, die in der Mitte aneinanderstoßen, geben Sie 10 cm Stoff zu. Den Stoff vor dem Einlegen der Falten säumen.

▶ *An der Stoffoberkante die Position der Kellerfalte mit einer Stecknadel markieren. Von der Nadel aus in beide Richtungen jeweils 2 x die Faltentiefe abmessen und mit Stecknadeln kennzeichnen. Die beiden Stecknadeln zueinander führen; Oberkanten heften. Wenn die Falte in einer Ecke liegt, die Nahtzugabe in der Mitte der Falte einschneiden. Die Falten mit einander zugewandten Stoffbrüchen bügeln.*

POLSTERHOCKER MIT KELLERFALTEN

Das Zuviel an Stoff an den Ecken eines Polsterhockers lässt sich an den Ecken in einer Kellerfalte unterbringen. Mit einem Tacker ist diese Arbeit sehr schnell, sauber und einfach erledigt. Halten Sie den Stoff während der Arbeit glatt gespannt.

1 ▲ *Wenn der Stoff an die Seitenkanten angetackert ist, ziehen Sie ihn über eine Ecke des Sitzes und tackern ihn auf der Unterseite fest.*

2 ▲ *Das Zuviel an Stoff sauber beidseitig der Ecke einschlagen und den Stoff auf der Unterseite des Sitzes festtackern.*

Stuhlhusse

Ein ungepolsterter Stuhl sieht mit einer Husse aus einem hübschen Stoff gleich viel einladender aus. Durch eine Lage Volumenvlies wird er bequemer, und Kellerfalten an den vorderen Ecken sorgen für die professionelle Optik. Die Husse wird mit dekorativen Schleifen an den Streben der Rückenlehne befestigt.

GRÖSSE
Abhängig von der Sitzfläche des Stuhls

MATERIAL
- Weicher Dekostoff, rosa-weiß kariert, 137 cm breit (Menge abhängig von den Maßen des Stuhls)
- Aufbügelbares Volumenvlies mittlerer Stärke, 90 cm breit (Menge abhängig von den Maßen des Stuhls)
- Baumwollnessel, naturfarben, 90 cm breit (Menge abhängig von den Maßen des Stuhls)

ZUSCHNEIDEN
Siehe Arbeitsschritte auf Seite 112.

Dekostoff, rosa-weiß kariert:
- 1 x die Sitzfläche
- 1 Streifen, Länge = A + B + C + B + A + 24 cm für die Kellerfalten + 16 cm für die Belege, Breite = Behanghöhe + 1 cm Nahtzugabe + 3,5 cm für den Saum
  Wenn nötig, nähen Sie für den Behang mehrere Stoffteile mit Kappnähten zusammen (siehe Seite 29).
- 4 Schrägstreifen, 36 x 3,5 cm, für die Bindebänder

Volumenvlies und Baumwollnessel, jeweils:
- 1 x die Sitzfläche (die Außenkanten des Vliesteils 5 mm breit zurückschneiden)

1 ▶ Für das Schnittmuster ein Stück Papier, das etwas größer ist als die Sitzfläche Ihres Stuhls, auf die Sitzfläche legen und mit einem Buch beschweren. Die Papierkanten über die Sitzfläche nach unten falten, um die Form festzulegen. Falls nötig, das Papier an den Streben der Rückenlehne einschneiden. Die Position der äußeren Streben markieren. Die Dicke einer Außenstrebe der Rückenlehne (A), eine Seitenkante der Sitzfläche (B) und die Vorderkante der Sitzfläche (C) abmessen. Das Schnittmuster abnehmen. Die Kontur entlang der Faltkanten und der Rückenlehne aufzeichnen und das Schnittmuster ausschneiden. Die Kontur des Schnittmusters auf einen weiteren Bogen Papier übertragen. Die äußeren Streben der Rückenlehne markieren, rundum 1 cm für die Naht zugeben und dieses neue Schnittmuster ausschneiden. Den Fadenlauf parallel zur Mitte der Husse einzeichnen und dieses Schnittmuster mit „Sitzfläche" beschriften. Gewünschte Behanglänge festlegen (bei der abgebildeten Husse 20 cm).

2 ▲ Stoffschläuche als Bindebänder anfertigen, wie auf Seite 77 beschrieben, dabei die Nahtzugaben vor dem Wenden auseinanderbügeln. Ein Ende jedes Bandes versäubern und die Bänder flachbügeln. Das Volumenvlies mittig auf die Rückseite des karierten Sitzflächenteils bügeln. Die offenen Enden zweier Bänder 1 cm innerhalb der Strebenmarkierung rechts auf rechts an die rückwärtige Kante der karierten Sitzfläche heften.

3 ▲ Beide Sitzflächenteile rechts auf rechts aufeinanderstecken und entlang der rückwärtigen Kante mit 1 cm Nahtzugabe zusammennähen. Ecken ab- und Rundungen einschneiden. Dann das Teil auf rechts wenden und bügeln. Die offenen Kanten zusammenheften.

4 ◀ Die Unterkante des Streifens für den Behang mit einem 2,5 cm breiten einfachen Saum versehen (siehe Seite 46). Die Schmalseiten des Behangs 1 cm breit zur linken Stoffseite umbügeln, dann die umgebügelte Kante an den unteren Ecken diagonal einschlagen und wieder bügeln. Die Säume nähen. Zwei jeweils 3 cm tiefe Kellerfalten im Abstand von 7 cm + A + B von den Enden des Streifens aus gemessen arbeiten.

5 ▲ Den Behang rechts auf rechts so an die Sitzfläche stecken, dass die Mitte der Kellerfalten auf die Ecken trifft. Die Enden des Behangs jeweils 7 cm breit als Beleg umfalten, dabei die Enden der hinteren Sitzflächenkante einschließen, und feststecken. Die offenen Kanten mit 1 cm Nahtzugabe zusammennähen und die Naht um die vorderen Ecken führen. Die Ecken abschneiden. Die Nahtzugaben mit Zickzackstichen versäubern (siehe Seite 36).

6 ▲ Die Belege zur Innenseite des Behangs wenden und die Enden des Behangs bügeln, sodass eine saubere Kante entsteht. Die Nahtzugaben in Richtung Behang bügeln. Die offenen Enden der beiden übrigen Bänder 6 mm unter der Naht und 1,5 cm innerhalb der gebügelten Kante auf die linke Seite des Behangs an den Beleg nähen.

Gepolsterter Fußschemel

Ein schlichter Fußschemel wird oft unterschätzt, obwohl er ein äußerst praktisches Möbelstück ist. Ersetzen Sie seinen fadenscheinigen Überzug einfach durch einen lebhaft gemusterten Stoff, und er sieht aus wie neu. Mit einem Tacker geht diese Arbeit besonders leicht und schnell von der Hand.

GRÖSSE

Abhängig von der Schemelgröße.

MATERIAL

- Weicher Dekostoff, blau gemustert, 137 cm breit (Menge abhängig von der Schemelgröße)
- Alter Schraubenzieher oder Nagelheber
- Zange
- Tacker

ZUSCHNEIDEN

Das Polster vom Untergestell des Schemels abschrauben. Entfernen Sie den alten Bezug vom Polster des Schemels, indem Sie alle Polsternägel und Tackerklammern mit einem alten Schraubenzieher oder einem Nagelheber und mit einer Zange herausziehen. Den alten Bezug bügeln und als Schnittmuster für den neuen Bezug verwenden.

Dekostoff, blau gemustert:
- 1 x den Bezug

1 ▲ Den Bezug mit der linken Seite nach oben auf einer ebenen Arbeitsfläche ausbreiten. Das gepolsterte Oberteil des Schemels mittig auf den neuen Bezug legen. Eine Kante des Bezugs über das Polster ziehen und auf der Unterseite des Polsterteils in der Mitte der Kante festtackern. Auf der gegenüberliegenden Seite des Polsters genauso verfahren und dabei den Stoff so festziehen, dass er sich glatt über die rechte Seite des Polsters legt. Dann den Bezugsstoff an die benachbarten Kanten tackern. Das Polster umdrehen und überprüfen, ob der Stoff auf der Oberseite straff und glatt gespannt ist. Falls nötig, die Tackerklammern entfernen und neu setzen. Dann von den Enden der Kanten zur Mitte hin den Bezug komplett an die Unterseite des Polsters tackern, dabei den Stoff gespannt halten und ca. 7,5 cm vor den Ecken enden.

2 ▲ An den Ecken den Stoff sauber zu Kellerfalten legen, wie auf Seite 109 beschrieben, und festtackern. Das Polster wieder auf dem Untergestell anbringen.

TIPP: Wenn Sie nur wenig Stoff haben, können Sie Stoffstreifen zu einem größeren Teil zusammennähen, um einen Polsterhocker zu überziehen. Auf diese Weise können Sie ein kleines Stoff-Element aufnehmen, das irgendwo anders im Raum erscheint.

Tischtuch mit Biesen

Breite Biesen verleihen einem klassischen Tischtuch das gewisse Etwas und ergeben an den Ecken reizvolle Kreuzungen. Verwenden Sie einen einfarbigen oder unauffällig gemusterten Stoff in gedämpften Farben, damit die Biesen gut zur Geltung kommen. Wenn Sie die Biesen mit kontrastfarbenem Garn absteppen, setzen Sie einen weiteren dekorativen Akzent.

GRÖSSE
Abhängig von der Größe des Tischs.

MATERIAL
- Baumwollstoff, türkisfarben mit weißen Tupfen, 112 oder 137 cm breit (Menge abhängig von der Größe des Tisches)
- Nähgarn zum Absteppen in Weiß (z.B. Maschinen-Knopflochgarn)

ZUSCHNEIDEN
Baumwollstoff, türkisfarben mit weißen Tupfen:
- 1 Rechteck oder Quadrat in der gewünschten Endgröße + 10,5 cm Zugabe an allen Seiten

TIPP: Für ein besonders großes Tischtuch können Sie mehrere Stoffteile mit Kappnähten verbinden (siehe Seite 29).

1 ▶ Zwei einander gegenüberliegende Stoffkanten 12,5 cm breit zur linken Stoffseite umfalten und bügeln. Den Stoff wieder umdrehen (rechte Seite oben). 2 cm tiefe, einfache Falten (siehe Seite 108) mit dickerem weißem Nähgarn als Oberfaden absteppen. Die Falten zu den offenen Kanten hin bügeln.

2 ◀ Für die nächste Falte den Stoff 4,5 cm von den genähten Falten entfernt erneut falten und bügeln. Die Falten wie zuvor absteppen und bügeln.

3 ▶ Die Schritte 1 und 2 an den beiden anderen Seiten des Stoffs wiederholen, um auch dort jeweils 2 Falten zu arbeiten. Dann alle Kanten mit einem 1,5 cm breiten, einfachen Saum versehen (siehe Seite 46); dafür gewöhnliches Nähgarn verwenden.

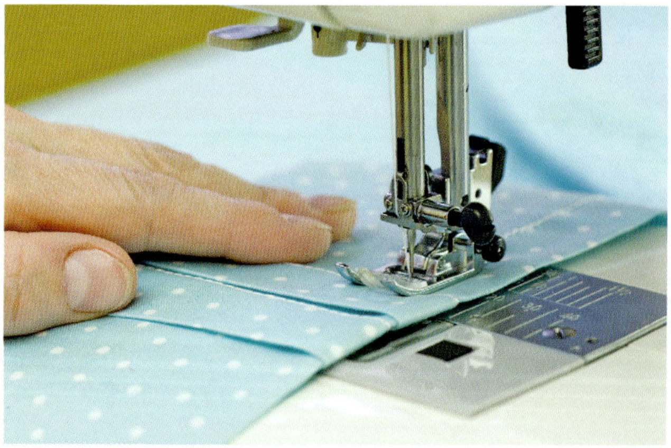

Vorhänge mit Futter

Vorhänge gehören vermutlich zu den größten und teuersten Projekten, an die Sie sich wagen. Aber keine Sorge: Der schwierigste Teil ist das Abmessen! Obwohl sie wegen ihrer Größe ein bisschen umständlich zu handhaben sind, lassen sich Vorhänge verhältnismäßig einfach nähen.

ABMESSEN

Die Gardinenstange oder -schiene sollte vor dem Abmessen für den Stoffkauf bereits angebracht sein. Notfalls markieren Sie die gewünschte Position leicht an der Wand oder am Fensterrahmen. Schieben Sie einige Ringe oder Röllchen auf Schiene oder Stange. Für einen Vorhang an einer Schiene messen Sie die gewünschte Vorhanglänge von der Oberkante der Schiene aus. Bei Ringen messen Sie von der Unterkante des Rings aus. Geben Sie zur gewünschten Vorhanglänge oben 3 cm und unten 10 cm für den Saum zu.

Dann messen Sie die Breite von Stange oder Schiene. Bei zwei überlappenden Schienen für zwei Vorhangschals addieren Sie die Breite der Überlappung. Das so ermittelte Maß nehmen Sie eineinhalb- bis dreimal, wenn der Vorhang oben eingereiht werden soll, bzw. zwei- bis zweieinhalbmal für Bleistiftfalten oder eine Aufhängung mittels großer Ösen. Geben Sie für ungefütterte Vorhänge an beiden Seiten jeweils 2,5 cm, für gefütterte Vorhänge beidseitig 4 cm zu.

STOFF- UND FUTTERBREITE

Meist müssen Stoffbahnen für Vorhänge zusammengenäht werden. Teilen Sie die Gesamtbreite durch die Breite des gewünschten Stoffs, um die Zahl der erforderlichen Stoffbahnen zu ermitteln, und runden Sie die Breite der Stoffbahnen auf. (Sie brauchen an jeder Kante 1,5 cm Nahtzugabe.) Wie Sie Stoffe mit Musterrapport zusammensetzen, lesen Sie auf Seite 23. Wenn Sie auf eine ungerade Zahl von Stoffbahnen kommen und für ein Fenster zwei Vorhangschals brauchen, teilen Sie eine Bahn der Länge nach in der Mitte und setzen die halben Bahnen an den Außenkanten der Vorhangschals an. Für gefütterte Vorhänge brauchen Sie dieselbe Menge an Futterstoff wie an Vorhangstoff abzüglich der Saumzugabe. Außerdem müssen Sie beim Futter keine Zugaben für das Anpassen von Musterrapporten einkalkulieren. Schneiden Sie alle Webkanten ab, damit sie sich nicht wellen.

ZWISCHENFUTTER EINNÄHEN

Ein Zwischenfutter dient der besseren Wärmeisolierung und verleiht dem Vorhang einen besseren Fall. Schneiden Sie das Zwischenfutter auf die gewünschte Vorhanglänge und -breite zuzüglich 4 cm Saumzugabe rundum zu.

◀ *Um Zwischenfutterbahnen zusammenzunähen, legen Sie Kante an Kante und verbinden beide mit einem langen und breiten Zickzackstich der Nähmaschine (siehe Seite 36) oder von Hand mit Hexenstichen (siehe Seite 25), ohne es zu dehnen. Vorhang- und Futterstoffbahnen verbinden Sie mit einfachen Nähten und bügeln die Nahtzugaben auseinander. Das Zwischenfutter 3 cm unterhalb der Oberkante auf die linke Seite des Vorhangstoffs legen. Eine Hälfte des Zwischenfutters parallel zum Fadenlauf des Vorhangstoffs zurückschlagen und annähen, wie auf Seite 120, Schritt 3, beschrieben.*

VORHANG FÜTTERN

Wenn Sie Maß genommen und Vorhang- und Futterstoff zugeschnitten haben, verbinden Sie die einzelnen Bahnen der beiden Stoffe mit einfachen Nähten und bügeln die Nahtzugaben auseinander.

1 ▶ *Die Seitenkanten des Vorhangstoffs 4 cm breit zur linken Stoffseite umbügeln und mit Hexenstichen annähen. Die Unterkante säumen (siehe Seite 47). Wenn Sie möchten, können Sie den Saum aber auch erst dann arbeiten, wenn der Vorhang aufgehängt ist.*

2 ◀ *Die Unterkante des Futterstoffs erst 1,5 cm, dann 3,5 cm breit zur linken Seite umbügeln und knappkantig absteppen, um das Futter zu säumen. Den Vorhangstoff mit der linken Seite nach oben auf einem großen Tisch oder auf dem Boden ausbreiten. Das Futter links auf links darauflegen, sodass die Unterkante des Futters 5 cm oberhalb der Vorhangunterkante liegt. Beide Lagen entlang der Mitte, parallel zu den Seitenkanten aufeinanderstecken. Eine Hälfte des Futters im Fadenlauf und mit übereinstimmenden Oberkanten zurückschlagen.*

Schritt 3 und 4 siehe nächste Seite ▶

3 ▲ *Gut 20 cm oberhalb der Vorhangunterkante beginnen, Futter und Vorhangstoff zu verbinden. Dazu einen langen Faden doppelt nehmen und * mit der Nadel 2 Fäden des Futter- und des Vorhangstoffs aufnehmen. Den Faden um die Nadel legen und durchziehen. Im Abstand von 10 cm ab * wiederholen und auf diese Weise Vorhang und Futter auf ganzer Länge miteinander verbinden, dabei den Faden locker lassen, damit er den Stoff nicht verzieht. Auf diese Weise die beiden Lagen etwa alle 40 cm mit Reihen von sehr lockeren Schlingstichen miteinander verbinden und darauf achten, dass die Stiche auf der Vorderseite des Vorhangs nicht sichtbar sind.*

4 ▲ *Die Seitenkanten des Futters auf Vorhangbreite zurückschneiden und dann 3 cm breit einschlagen, stecken und mit Saumstichen annähen, dabei wieder darauf achten, nicht zur Vorderseite des Vorhangs durchzustehen. Die Enden des unteren Saums auf jeweils 4 cm Länge annähen. Falls Sie den Vorhang später säumen wollen, lassen Sie die seitlichen Nähte am unteren Ende auf gut 20 cm Länge offen und schließen sie erst, wenn der untere Saum fertiggestellt ist. Wie Sie die Oberkante des Vorhangs mit der Aufhängung gestalten können, lesen Sie auf Seite 126/127.*

UNGEFÜTTERTER VORHANG

Nach dem Abmessen und Zuschneiden des Vorhangstoffs verbinden Sie die einzelnen Stoffbahnen mit Kappnähten (siehe Seite 29).

▶ *Die Längskanten erst 1 cm und dann 1,5 cm breit umbügeln und mit Saumstichen annähen (siehe Seite 25) oder an der inneren eingebügelten Kante mit der Nähmaschine knappkantig absteppen. Die Unterkante säumen, wie auf Seite 47 beschrieben, und die Oberkante mit Aufhängung nach der Anleitung auf Seite 126/127 arbeiten.*

Vorhang mit Ösenaufhängung

Die riesigen, verchromten Ösen an diesem eleganten Vorhang sind eine ausgesprochen moderne, stilvolle Art der Aufhängung. Wenn Sie die Oberkante mit einer horizontalen Blende betonen, fallen die hübschen Ösen noch stärker ins Auge. Die Blende ist aber auch eine pfiffige Lösung, um die Vorhänge zu verlängern, wenn der Stoff knapp ist.

MATERIAL

- Weicher Dekostoff aus Leinen in Dunkelrosa, 137 cm breit (Menge abhängig von der gewünschten Vorhanggröße)
- Weicher Dekostoff, dunkelrosa gestreift, 137 cm breit (Menge abhängig von der gewünschten Vorhanggröße)
- Vorhangfutter, naturfarben, 137 cm breit (Menge abhängig von der gewünschten Vorhanggröße)
- Vorhang-Ösenband, 7,5 cm breit, Länge = Vorhangbreite x 2 + mindestens 4 cm (zusätzliche Länge zum Anbringen von Passmarken an den Kanten einrechnen; siehe Arbeitsschritt 2)
- Gardinenösen, verchromt, ∅ 3,6 cm (Menge abhängig von der gewünschten Vorhanggröße)

ZUSCHNEIDEN

Länge und Breite des Vorhangs abmessen (siehe Seite 118)

Dekostoff aus Leinen, dunkelrosa:

- 1 Streifen, Länge = Vorhangbreite + 8 cm, Breite = 16 cm, für die Blende

Dekostoff, dunkelrosa gestreift

- 1 Rechteck in der gewünschten Vorhanglänge und Vorhangbreite + 8 cm

Vorhangfutter, naturfarben:

- 1 Rechteck, Länge = Vorhanglänge + 3 cm, Breite = 2 x Vorhangbreite + 8 cm

1 ▲ Wenn nötig, mehrere Bahnen des Vorhang- und/oder Futterstoffs mit einfachen Nähten verbinden (siehe Seite 28), um auf die erforderliche Stoffbreite zu kommen. Den Streifen für die Blende rechts auf rechts auf die Oberkante des Vorhangs legen und mit 1,5 cm Nahtzugabe annähen. Die Nahtzugaben auseinanderbügeln. Das Vorhangfutter vorbereiten und annähen, wie auf Seite 119/120 beschrieben. Das Vorhangband vorbereiten, wie unter Arbeitsschritt 1 auf Seite 126 („Vorhangband anbringen") beschrieben. Wenn Ihr Stoff besonders dick ist, schneiden Sie die umgebügelte Kante auf 1,5 cm Breite zurück, damit sich die Ösen leichter anbringen lassen.

2 ▲ Den Vorhang mit der linken Seite nach oben ausbreiten und das Ösenband auf die Rückseite der Blende legen. Das Band ist in regelmäßigen Abständen mit farbigen, normalerweise grünen Markierungen gekennzeichnet. Das Band so ausrichten, dass die Markierungen auf die Seitenkante des Vorhangs treffen oder auf beiden Seiten den gleichen Abstand zu den Seitenkanten des Vorhangs haben. Das Band an den Vorhang nähen, wie unter Schritt 2 und 3 auf Seite 126 beschrieben.

3 ▲ Den Blendenstoff und das Vorhangfutter innerhalb der Kreise des Vorhangbandes sorgfältig mit einer spitzen, scharfen Handarbeitsschere ausschneiden. Die Hälfte des Rings mit den Dornen im Inneren über einen Kreis auf der Vorderseite des Blendenstreifens legen. Die andere Ringhälfte unter den Vorhang schieben und beide Ringe zusammendrücken, sodass die offenen Kanten des Kreises eingeschlossen sind. Auf diese Weise auch alle übrigen Ringe anbringen.

4 ▶ Die Fäden des Vorhangbandes anziehen, um den Vorhang auf die gewünschte Breite zu raffen. Die freien Fadenenden miteinander verknoten, aber nicht abschneiden. Den Vorhang gemäß Schritt 5 und 6 auf Seite 127 fertigstellen.

Vorhang mit vertikaler Blende

Durch eine Blende am Vorhang können Sie auf einfache Weise andere Textilien im Raum wieder aufnehmen oder einen interessanten Kontrast an einem ansonsten schlichten Dekor setzen. Ein schmaler Streifen aus Karoband verdeckt die Naht zwischen dem Hauptstoff des Vorhangs und der kontrastierenden Blende.

MATERIAL

- Weicher Dekostoff, grau gemustert, 137 cm breit (Menge abhängig von der gewünschten Vorhanggröße)
- Weicher Dekostoff, olivgrün gemustert, 137 cm breit (Menge abhängig von der gewünschten Vorhanggröße)
- Karoband, grau-weiß, 1,5 cm breit (Länge abhängig von der gewünschten Vorhanggröße)
- Vorhangfutter, naturfarben, 137 cm breit (Menge abhängig von der gewünschten Vorhanggröße)
- Vorhangband für Bleistiftfalten, 7,5 cm breit, Länge = Vorhangbreite x 2 + 4 cm

ZUSCHNEIDEN

Länge und Breite des Vorhangs abmessen (siehe Seite 118)

Dekostoff, grau gemustert:

- 1 Streifen, Länge = Vorhanglänge + 13 cm, Breite = 22,5 cm, für die Blende

Dekostoff, olivgrün gemustert:

- 1 Rechteck, Länge = Vorhanglänge + 13 cm, Breite = Vorhangbreite x 2 – 11,5 cm, für den Vorhang

Vorhangfutter, naturfarben:

- 1 Rechteck, Länge = Vorhanglänge + 3 cm, Breite = Vorhangbreite x 2 + 8 cm Saumzugabe, für das Futter

1 ◀ Wenn nötig, mehrere Bahnen des Vorhang- und/oder Futterstoffs mit einfachen Nähten verbinden (siehe Seite 28), um auf die erforderliche Stoffbreite zu kommen. Den Streifen für die Blende mit 1,5 cm Nahtzugabe an eine Seitenkante des Vorhangstoffs nähen. Die Nahtzugaben auseinanderbügeln.

2 ▶ Auf der rechten Seite des Vorhangs das grau karierte Band mittig auf die Naht zwischen Vorhang- und Blendenstoff stecken und nähen (siehe Seite 96).

3 ◀ Den Vorhang abfüttern, wie auf Seite 120/121 beschrieben, und das Vorhangband für die Bleistiftfalten nach der Anleitung auf Seite 126/127 anbringen.

Vorhangbänder

Kräusel- oder Universalfaltenbänder, aber auch Bleistiftfaltenbänder sind die am häufigsten verwendeten Vorhangbänder. Sie werden angebracht, wenn der Vorhang fertig genäht ist (siehe Seite 118–120). Eine andere Möglichkeit, einen Vorhang aufzuhängen, sehen Sie bei der Kaffeehausgardine auf Seite 94/95.

VORHANGBAND ANBRINGEN

Die folgende Anleitung gilt sowohl für gefütterte als auch für ungefütterte Vorhänge. Wenn Sie möchten, dass der Stoff über dem Kräuselband als Köpfchen übersteht, geben Sie beim Zuschneiden des Vorhangstoffs zusätzlich zum unteren Saum und zu den 3 cm an der Oberkante des Vorhangs zweimal die gewünschte Köpfchenhöhe zu (z.B. 5 cm Zugabe für ein 2,5 cm hohes Köpfchen). Dadurch entsteht ein Rüscheneffekt an der Oberkante, wenn die Vorhänge geöffnet sind.

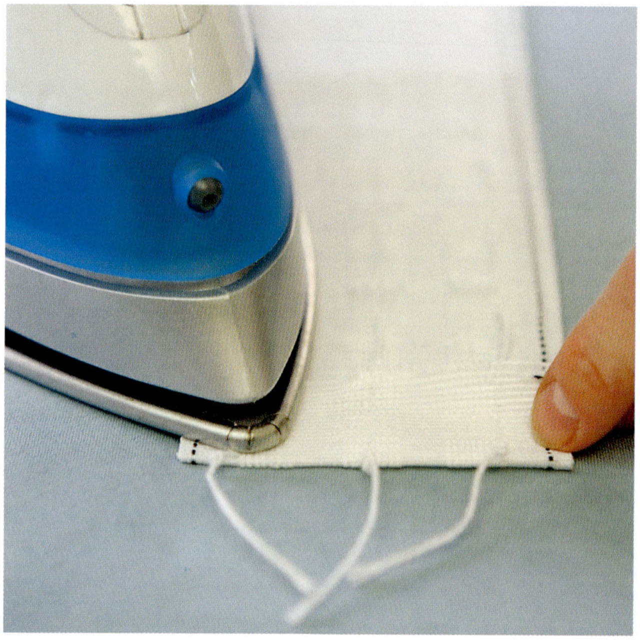

1 ▶ *Die Oberkante des Vorhangstoffs 3 cm breit zur linken Seite umbügeln. Falls die Oberkante des Vorhangs als Köpfchen über dem Kräuselband überstehen soll, die gewünschte Köpfchenhöhe plus 3 cm umbügeln. Für ein 2,5 cm hohes Köpfchen müssten Sie beispielsweise die Oberkante 5,5 cm breit umbügeln. Die offenen Kanten an den Ecken schräg umbügeln. Die Zugfäden des Vorhangbandes am einen Ende verknoten, dann dieses Bandende samt Knoten und Zugfäden nach innen umfalten.*

2 ◀ *5 cm von einer Seitenkante entfernt beginnend, das Vorhangband genau unterhalb der umgebügelten Oberkante bzw. um die gewünschte Köpfchenhöhe nach unten versetzt entlang der Oberkante aufstecken, sodass die offenen Kanten verdeckt werden.*

3 ▲ Das überstehende Vorhangband 2 cm außerhalb der anderen Vorhangkante abschneiden. Das Bandende 2,5 cm breit einschlagen, dabei jedoch die Zugfäden auf der rechten Seite lassen (dazu am Ende des Bandes aus dem Band herausziehen). Das Vorhangband knappkantig entlang beider Längskanten und über die eingeschlagenen Enden hinweg aufnähen. Achtung! Nicht über die losen Enden der Zugfäden steppen. Beide Längsseiten in derselben Richtung aufsteppen, damit sich das Band nicht verzieht.

4 ▲ Die Zugfäden des Vorhangbandes anziehen, um den Vorhang auf die gewünschte Breite zu raffen. Die freien Enden der Zugfäden miteinander verknoten, aber nicht abschneiden, damit Sie den Vorhang zum Waschen wieder glattziehen oder an ein anderes Fenster anpassen können. Die Falten gleichmäßig verteilen. Die Gardinenröllchen in die Schlitze im Vorhangband einhängen, dabei jeweils ein Röllchen an den beiden Enden platzieren und die übrigen in Abständen von ca. 5 cm dazwischen verteilen.

5 ▲ Die überhängenden Zugfäden aufrollen und mit einigen Handstichen an der Oberkante des Vorhangs fixieren oder in einem kleinen Beutel verstecken. Für einen solchen Beutel ein 15 x 7 cm großes Stoffrechteck zuschneiden, rechts auf rechts quer zusammenlegen und die Seitenkanten mit 1 cm Nahtzugabe zusammennähen. Die Ecken abschneiden und den Beutel auf rechts wenden.

6 ▲ Die Oberkante 1 cm breit nach innen umschlagen. Die Zugfäden zusammenrollen und in den Beutel stecken. Den Beutel auf der Rückseite des Vorhangs unterhalb des Vorhangbandes annähen.

Regalvorhang

Ein bunter Vorhang ist eine hübsche und praktische Lösung, um eine Nische – beispielsweise unter einem Spül- oder Waschbecken – zu verhängen und auf diese Weise allerlei Krimskrams zu verstecken. Er kann aber auch an einem Regal oder einem Schrank eine feste Tür ersetzen. Den angesagten „Shabby-Chic-Look" bekommt er durch eine attraktive Rüsche.

MATERIAL

- Baumwollstoff, dunkelrosa getupft, 112 cm breit (Menge abhängig von der gewünschten Vorhanggröße)
- Baumwollstoff, dunkelrosa auf Weiß gemustert, 112 cm breit (Menge abhängig von der gewünschten Vorhanggröße)
- Fertiges Schrägband, dunkelrosa, 1,5 cm breit, Länge = Nischenbreite x 2 (Wie Sie ein solches Schrägband selbst anfertigen können, lesen Sie auf Seite 57.)
- Universalvorhangband, 3 cm breit, Länge = Nischenbreite x 2 + 4 cm

ZUSCHNEIDEN

Vorhanglänge und Nischenbreite abmessen.

Baumwollstoff, dunkelrosa getupft:

- 1 Rechteck, Länge = Vorhanglänge + 3,5 cm, Breite = Vorhangbreite x 2 + 5 cm seitliche Saumzugabe, für den Vorhang

Baumwollstoff, dunkelrosa auf Weiß gemustert:

- 1 Streifen, 7 cm breit, Länge = Vorhangbreite x 4 + 2 cm Saumzugabe, für die Rüsche

1 ◀ Die Seitenkanten des Vorhangstoffs erst 1 cm, dann noch einmal 1,5 cm breit zur linken Seite umbügeln und an den inneren Faltkanten knappkantig absteppen. Die Enden und die Unterkante des Stoffstreifens für die Rüsche ebenfalls säumen, dann die Rüsche einreihen und an die Unterkante des Vorhangs heften, wie auf Seite 104 beschrieben. Das Schrägband über die geheftete Naht nähen, sodass die rechte Seite des Schrägbandes auf die linke Seite der Rüsche trifft (siehe Seite 57, „Gerade Kante einfassen").

2 ▲ Das Schrägband über die Nahtzugabe von Rüsche und Vorhang umklappen und knappkantig an den inneren Faltkanten absteppen (siehe Seite 57, „Einfassung fertigstellen").

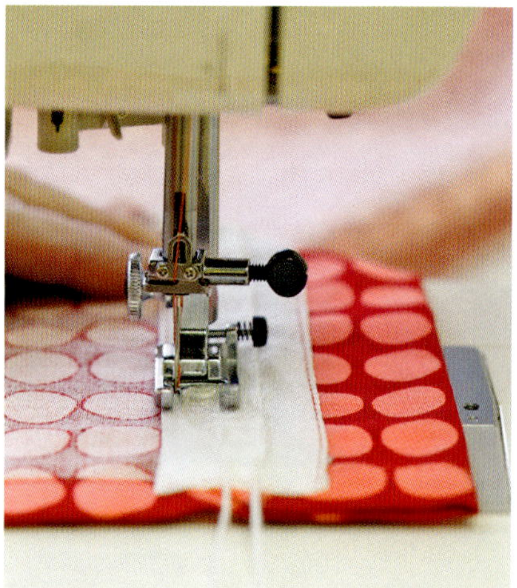

3 ▲ Das Universalvorhangband so auf der Rückseite des Vorhangs aufnähen, dass der Vorhangstoff oben als 2,5 cm hohes Köpfchen übersteht.

Plastische Modelle

Mit dieser vielseitig anwendbaren Technik können Sie jede gewünschte Form nähen und ausstopfen – vom niedlichen Vögelchen als Duftspender bis hin zu einem Kissen in Stern- oder Herzform. Sie müssen lediglich daran denken, ein Stück Naht zum Wenden der Form offen zu lassen – am besten an einem geraden Teil, weil es einfacher ist, gerade Kanten mit Saumstichen zusammenzunähen als Rundungen.

EIN PLASTISCHES MODELL NÄHEN UND FÜLLEN

1 ▶ Nähen Sie die Form bis auf eine Wendeöffnung zusammen. Die Nahtzugaben an Rundungen einschneiden und an Ecken abschneiden.

2 ◀ Die Nahtzugaben kleiner Formen mit den Fingern auseinanderdrücken und dabei die Naht auf der Innenseite mit einer Hand unterstützen. Mit dem angefeuchteten Zeigefinger der anderen Hand die Nahtzugaben öffnen und an der Naht entlangfahren. Den Stoff trocknen lassen und erst dann das Modell auf rechts wenden. Auch ein Ärmelbrett eignet sich gut zum Auseinanderbügeln der Nahtzugaben bei schmalen Formen. Die Nahtzugaben an Rundungen können Sie auf einem Bügelkissen auseinanderbügeln oder ein entsprechendes Kissen aus einem sauberen Geschirrtuch falten und in die genähte Form schieben.

TIPP: Auch in ein stern- oder herzförmiges Kissen können Sie einen Reißverschluss einsetzen. Zeichnen Sie ein Schnittmuster für die beiden Hälften des Kissens und geben Sie in der Mitte jeweils 1,5 cm Nahtzugabe zum Einnähen des Reißverschlusses zu.

3 ▲ Die Form auf rechts wenden. Um die Ecken spitz auszuformen, den Stoff mit einer Stecknadel vorsichtig herausziehen, ohne zu übertreiben, denn sonst könnte die zurückgeschnittene Nahtzugabe ausfransen und auf der rechten Seite der Arbeit erscheinen.

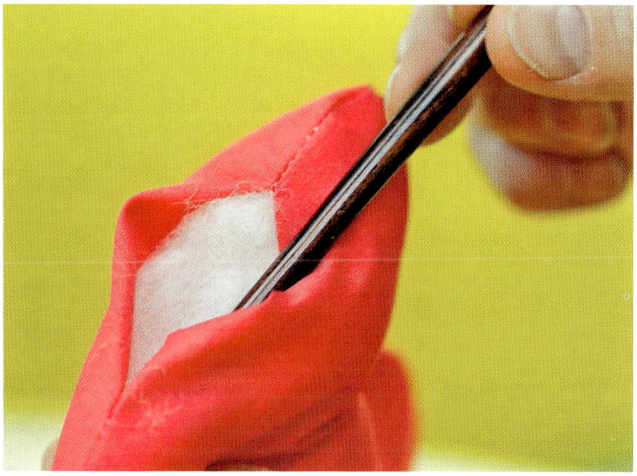

4 ▲ Zum Ausstopfen der genähten Form die Füllwatte erst auseinanderzupfen und dann in die Hülle schieben. Keine dichten Watteklumpen in die Form stopfen, sonst wirkt die Füllung ungleichmäßig und buckelig. Um die Füllwatte in schmale Formen und Spitzen zu schieben, können Sie das Ende eines Pinselstiels verwenden. Nehmen Sie kein spitzes Werkzeug, denn sonst könnten die Nähstiche reißen.

5 ▲ Sie können Ihr Modell auch mit anderen Materialien füllen – etwa mit einem duftenden Potpourri, Kunststoffgranulat für einen Sitzsack, Reis für einen Türstopper oder Sägemehl für ein Nadelkissen. Rollen Sie ein Blatt Papier zu einem Trichter und fixieren Sie ihn mit Klebeband. Dann stecken Sie das schmale Ende des Trichters in die Öffnung Ihres Modells und schütten das Füllmaterial hinein. Beim Einfüllen von Materialien wie Lavendelblüten oder Reis hilft ein Löffel.

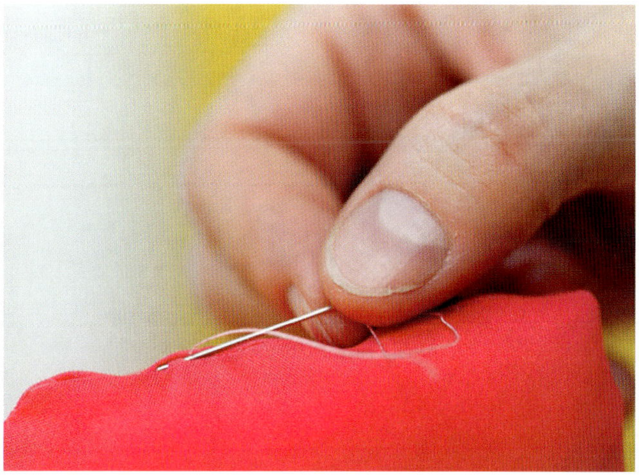

6 ▲ Die umgebügelten Kanten an der Wendeöffnung zusammenstecken und mit Saumstichen zusammennähen (siehe Seite 25). Wenn Ihr Modell mit Reis oder Sägemehl gefüllt ist, müssen die Stiche besonders klein sein.

Duftender Potpourri-Vogel

Füllen Sie diesen reizenden kleinen Vogel mit duftenden getrockneten Lavendelblüten, um einen Raum zu parfümieren. Die Flügel sind mit glitzernden Perlmuttknöpfen angenäht, als Augen dienen hübsche blaue Perlen. Aufgehängt wird der Vogel an einem Band. Ein entzückendes Geschenk für eine besonders liebe Freundin!

GRÖSSE
Ca. 21 x 9 cm

MATERIAL
- 10 x 10 cm Baumwollstoff, türkis getupft
- 10 x 10 cm aufbügelbare Vlieseinlage mittlerer Stärke
- 25 x 25 cm Baumwollstoff, rosa und türkis auf Weiß gemustert
- 2 Perlmuttknöpfe
- 20 cm Band, olivgrün, 6 mm breit
- 20 g getrocknete Lavendelblüten
- 2 Perlen, blau, ∅ 5 mm

ZUSCHNEIDEN
Die Vlieseinlage auf die Rückseite des türkis getupften Baumwollstoffs aufbügeln, dann 2 x den Flügel und 1 x den Schnabel gemäß Vorlage auf den Stoff übertragen und ausschneiden.

Baumwollstoff, rosa und türkis auf Weiß gemustert:
- 2 x den Vogel gemäß Vorlage auf Seite 141 zuschneiden.

1 ▶ Den Schnabel an der gestrichelten Linie links auf links zur Hälfte falten und mit der Faltkante nach oben und der Spitze in Richtung Stoffmitte zwischen den Markierungspunkten (siehe Vorlage) auf die rechte Seite eines Vogelteils heften. Mit den rechten Stoffseiten nach oben einen Flügel auf jedes Vogelteil stecken. An der markierten Stelle einen Knopf annähen und damit den Flügel am Körper befestigen.

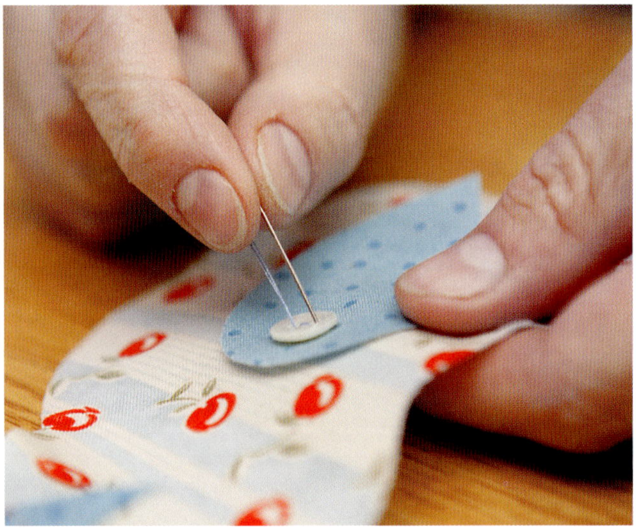

2 ▲ Ein 20 cm langes Stück olivgrünes Band mittig falten. Die Bandenden über Kreuz auf die rechte Seite eines Vogelteils heften. Die Bandschlaufe sollte zwischen den Markierungen für die Wendeöffnung liegen, damit sie beim Zusammennähen nicht von der Naht erfasst wird.

3 ◀ Die Vogelteile rechts auf rechts mit 6 mm Nahtzugabe bis auf die Wendeöffnung am Bauch zusammennähen und mit getrockneten Lavendelblüten füllen (siehe Seite 130/131). Auf jede Seite des Vogelkopfes eine blaue Perle als Auge nähen.

Quasten

Quasten können groß und üppig, aber auch klein und zierlich sein. Wenn man sie fertig kauft, sind sie ziemlich teuer, aber sie lassen sich ganz einfach aus vielen Garnen selbst anfertigen. Am vielseitigsten und in besonders vielen Farben einschließlich Metallic-Effekten erhältlich ist Baumwollsticktwist. Probieren Sie aber auch Woll- und Bouclégarne, schmale Bändchengarne oder einen Materialmix aus verschiedenen Strukturen aus.

QUASTE ANFERTIGEN

1 ▶ *Schneiden Sie ein 7,5 cm breites Rechteck aus Karton zu, dessen Höhe dem Doppelten der gewünschten Quastenlänge plus 2,5 cm entspricht. Das Rechteck parallel zu den 7,5 cm langen Kanten zur Hälfte zusammenlegen und mit dem gewählten Garn umwickeln. Die Zahl der Wicklungen hängt davon ab, wie dick die Quaste werden soll.*

2 ◀ *Ein 30 cm langes Fadenstück doppelt nehmen. (Wenn Sie eine Quaste aus sehr dickem Garn oder schmalen Bändchen anfertigen, verwenden Sie an dieser Stelle einen dünneren Faden.) Die Fadenenden in das Öhr einer stumpfen Sticknadel einfädeln. Die Nadel unter den Wicklungen nahe dem Kartonfalz hindurch und durch die Garnschlinge führen. Mit diesem Faden wird die Quaste später befestigt.*

3 ▲ *Den Faden an der Faltkante des Kartons festhalten. Die Spitze einer Handarbeitsschere zwischen die Kartonlagen schieben und die Garnwicklungen aufschneiden. Den Faden fest anziehen, um die Quaste damit zusammenzuhalten. Den Karton und die Nadel entfernen.*

4 ▲ *Einen einfachen, 30 cm langen Faden in die Nadel einfädeln. Das Fadenende an die offenen Quastenenden anlegen und festhalten, dann den Faden etwa zehnmal fest um den oberen Teil der Quaste wickeln, um die Fäden zu bündeln.*

5 ▲ *Um den Faden zu sichern, die Nadel oberhalb der Abbindestelle ins Innere der Quaste einstechen und den Faden fest anziehen, sodass das Ende in der Quaste verschwindet. Die Nadel entfernen.*

6 ▲ *Die Quaste gerade zuschneiden. Mit dem Faden am oberen Ende die Quaste annähen. Wenn Sie die Quaste an einem Schlüssel befestigen wollen, knoten Sie die Fäden an den Schlüssel, fädeln sie in eine Nadel ein und verstechen sie im Köpfchen der Quaste. Die überstehenden Fadenenden abschneiden.*

TIPP: Die Abbindestelle der Quaste kann durch aufgenähte Perlen zusätzlich verziert werden.

Servietten mit eingefasster Kante

Verwenden Sie Leinen in einer kräftigen Farbe für diese Serviette und fassen Sie den Stoff mit einer kontrastierenden Blende ein, die gut zu Ihrem Lieblingstischtuch passt. Das Tüpfelchen auf dem i ist eine handgefertigte Quaste in der Farbe Ihres Tafelservices: So harmonieren alle Teile perfekt miteinander.

GRÖSSE
Ca. 40 x 40 cm

MATERIAL
- 30 cm Baumwollstoff, rosa-weiß kariert, 112 cm breit (reicht für 4 Servietten)
- Schrägbandformer, 18 mm breit
- 41,5 x 41,5 cm Leinen in Lila (für 1 Serviette)
- Baumwollsticktwist in Hellgrün

ZUSCHNEIDEN
Baumwollstoff, rosa-weiß kariert:
- Schrägstreifen, 161 x 3,5 cm (zum Einfassen einer Serviette; zum Schneiden von Schrägstreifen siehe Seite 56)

1 ▲ Für die Schrägbandeinfassung die Schrägstreifen verbinden und mit dem Schrägbandformer vorbereiten (siehe Seite 56/57). Eine Faltkante des Schrägbandes aufklappen und ein Ende 5 mm breit umbügeln. Die rechte Seite des Schrägbandes auf die linke Seite der Serviette legen und an einer Kante der Serviette beginnend, das Schrägband kantengenau auf die Serviette stecken. Die Nahtzugabe des Schrägbandes an der Ecke einschneiden, dann das Band weiter an der Kante entlang stecken und an der nächsten Ecke wieder einschneiden.

2 ▶ Entlang der Faltkante nähen. Die Enden des Schrägbandes überlappen lassen und das über den Anfang des Bandes hinausstehende Stück bis auf 1 cm zurückschneiden. Die Nahtzugaben an den Ecken zurückschneiden.

3 ▲ Das Schrägband von der Serviette abheben. Die Nahtzugabe zur Serviette hin bügeln. Die Einfassung an zwei gegenüberliegenden Seiten auf die rechte Seite der Serviette umbügeln. Die inneren Faltkanten auf die Serviette stecken. Die diagonalen Faltkanten an den Ecken einbügeln.

4 ▼ Die Einfassung an den jeweils benachbarten Seiten der Serviette ebenfalls zur rechten Seite umbügeln und feststecken. Die diagonalen Kanten der Einfassung als Briefecken mit Saumstichen zusammennähen (siehe Seite 25). Die inneren Faltkanten der Einfassung knappkantig absteppen. Aus hellgrünem Baumwollsticktwist eine 3 cm lange Quaste anfertigen (siehe Seite 134/135) und an einer Ecke der Serviette annähen (siehe Abbildung oben).

Schnitte und Vorlagen

Für einige Wohnaccessoires in diesem Buch brauchen Sie die Schnittmuster und Vorlagen auf den folgenden Seiten. Übertragen Sie die Konturen auf Transparentpapier oder vergrößern Sie die benötigten Vorlagen mit dem angegebenen Faktor auf dem Fotokopierer. Denken Sie daran, auch Fadenlauf, Stoffbruch, Markierungen und andere hilfreiche Informationen auf Ihren Papierschnitt zu übertragen. (Hinweise zur Verwendung von Schnittmustern siehe Seite 22.)

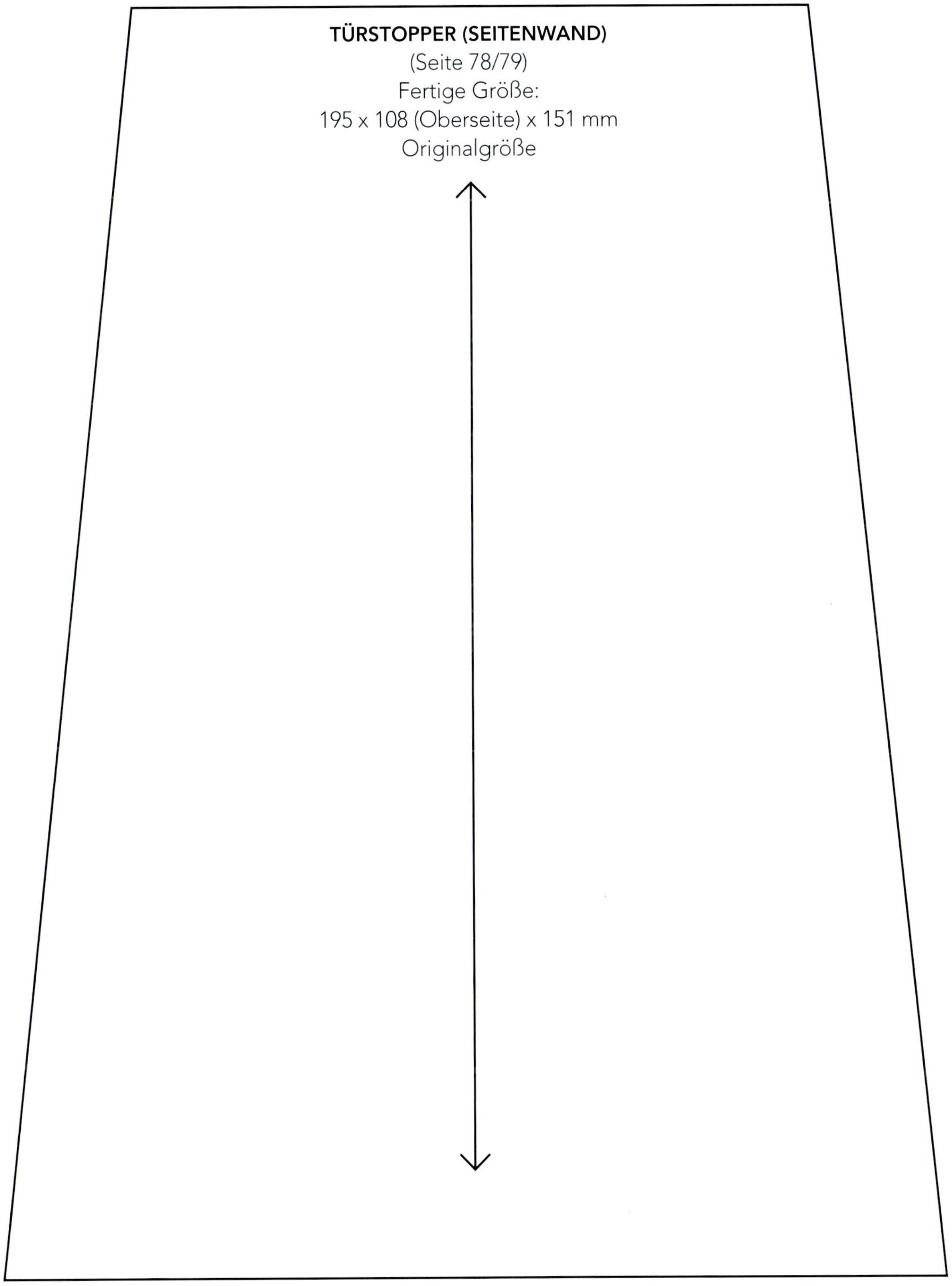
TÜRSTOPPER (SEITENWAND)
(Seite 78/79)
Fertige Größe:
195 x 108 (Oberseite) x 151 mm
Originalgröße

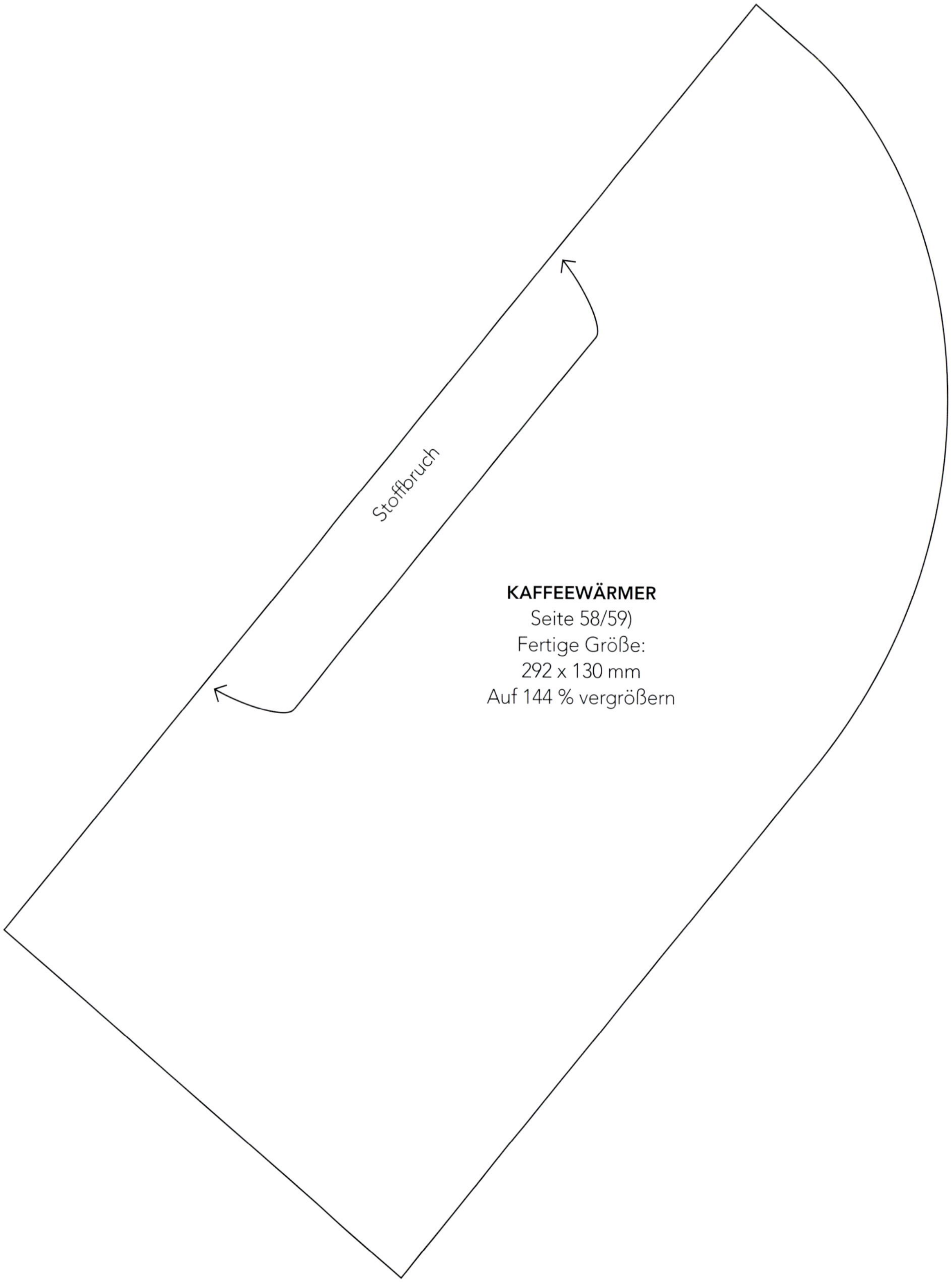

KAFFEEWÄRMER
Seite 58/59)
Fertige Größe:
292 x 130 mm
Auf 144 % vergrößern

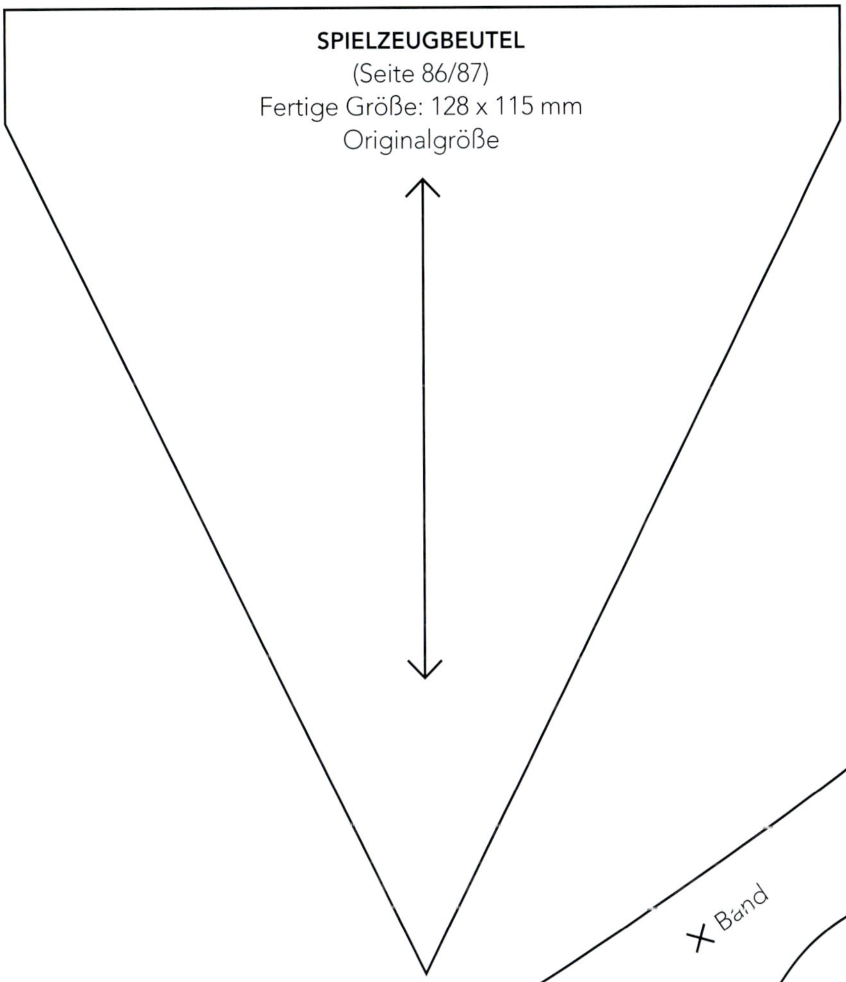

SPIELZEUGBEUTEL
(Seite 86/87)
Fertige Größe: 128 x 115 mm
Originalgröße

DUFTENDER POTPOURRI-VOGEL
(Seite 132/133)
Fertige Größe: 190 x 88 mm
(ohne Schnabel)
Originalgröße

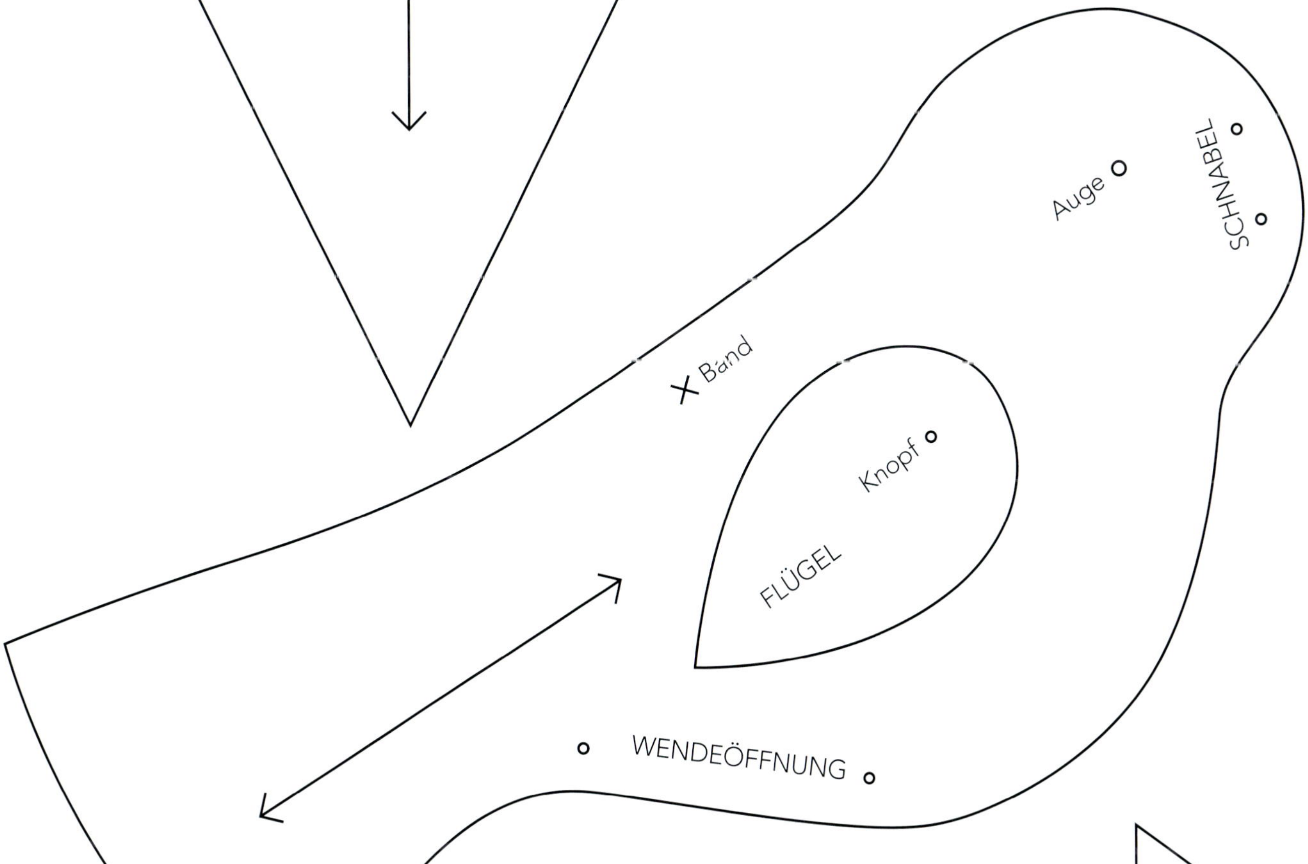

SCHNABEL FÜR DEN POTPOURRI-VOGEL
(Seite 132/133))
Schnabelgröße: 33 x 23 mm
Originalgröße

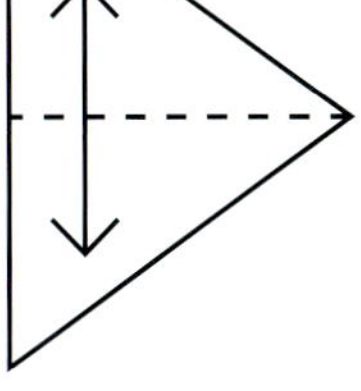

Register

Dank der Autorin

Mein besonderer Dank gilt Vanessa Arbuthnott für die wunderschönen Dekostoffe, die ich für den weichen Aufbewahrungskorb auf Seite 42/43, das Bett-Kopfteil auf Seite 62–65, das Kissen mit Knopfverschluss auf Seite 82/83, die Stuhlhusse auf Seite 110/111 und den gepolsterten Fußschemel auf Seite 114/115 verwendet habe.
Nähere Informationen dazu finden Sie im Internet unter www.vanessaarbuthnott.co.uk